미국 부처님은 몇 살입니까?

미국 부처님은 몇 살입니까?

글·사진 **명법 스님**

아름다운

프롤로그

백조는 왜 파라다이스 연못으로 갔는가

동양이 서양을 처음 만났을 때 그 만남은 '서세동점西世東占'의 현실적인 위협이었다면, 서양이 동양을 처음 만났을 때 그것은 끝을 알 수 없는 무無의 심연으로 간주되었다. 이 만남은 오해와 충격, 공포와 갈등, 그리고 충돌과 침략으로 이어졌다. 현실은 서양의 승리로 끝났지만, 사태는 그리 간단하지 않았다.

주체로서 자아를 발견했던 서양 근대는 그들의 자아를 실현하기 위해 객체로서의 타자, 피지배자로서의 동양을 필요로 했다. 그러나 일찍이 헤겔은 주인과 노예의 변증법에서 꿰뚫어 보았던 것처럼, 주체의 자기의식이 강하면 강할수록 타자의 존재가 더 강하게 의식되었다. 서양의 근대적 이성은 동양을 미개하고 열등하고 비합리적인 것으로 투사함으로써 자신의 우월함을 확인하고 식민 지배를 정당화하려고 했다.

하지만 이성에 근거한 계몽과 역사의 진보를 믿었던 서양 근대의 기획이 좌절되자 근대적 이성의 허실함과 기만이 드러났다. 세계대전의 비극을 경험한 전후 세대인 사르트르에게 근대적 이성의 오만함은 "타자는 지옥이다"라는 절망으로 바뀐다. 그들이 동양에 투사시킨 비이성과 열등함, 두려움과 당혹함은 사실 그들 자신의 문제였던 것이다.

이제 그 상실의 자리에 동양의 종교인 불교가 그들의 마음을 사로잡고 있다. 도무지 이해할 수 없었던 무신론의 종교이며 '무의 숭배'이자 소멸을 갈망하는 허무주의 종교로 오해받았던 불교가 이제 자비와 관용, 그리고 비폭력성으로 서양인들에게 구원의 메시지가 되고 있다. 도대체 어떻게 이런 극적 변화가 이루어졌을까?

사실 오래전부터 동양은 서양에게 공포와 위험, 그리고 알 수 없는 매력과 신비의 대상이었다. 우리는 서양 근대의 찬란한 역사 뒤편에서 서양이 짝사랑한 동양을 만날 수 있다. 실제로 계몽사상가 볼테르에게 공자는 계몽의 선구자로서 선망의 대상이었으며 쇼펜하우어와 헤겔에게 당시 소개되었던 불교는 초미의 관심사였다. 19세기 유럽 귀족의 거실 한쪽 구석에는 중국 도자기가 자리를 차지하고 있었으며 인상파 화가를 비롯한 수많은 서양화가들은 일본 판화에 열광했다. 그러나 이 짝사랑 역시 주인집 도령이 하녀를 짝사랑하듯 자기 우위를 기반으로 한 왜곡된 사랑이었다는 사실이 『오리엔탈리즘』의 저자 에

드워드 사이드에 의해 밝혀진 지 벌써 오래다.

그렇다면 지금 서양에서 불고 있는 불교 열풍 역시 또 하나의 이국 취미, 또 다른 오리엔탈리즘이 아닐까? 아직도 세계사의 헤게모니를 장악하고 있는 그들에게 불교가 정녕 구원의 메시지일까? 모던의 시대가 '자아'를 찾았다면 포스트모던의 시대는 '타자'를 찾았다는 말이 맞는지도 모르겠다. 그렇다면 이 변화는 어떤 근본적인 변화에 대한 요구, 정신적 징후의 표현이 아닐까? 과연 이 시대는 나의 존재의 기반이 타자라는 단순한 진리를 제대로 이해하고 있는 것일까? 인종적 차별과 종교적 갈등, 크고 작은 분쟁이 끊이지 않고 오히려 악화되고 있는 지금, 과연 우리는 존재의 연기적 실상, 자아와 타자가 공존하면서 소외되지 않고 서로 건강하게 소통하는 세상을 실현시킬 수 있을까?

내가 미국행을 결심한 것은 우연한 일 때문이었다. 박사논문 심사가 끝날 즈음, 지도교수님이 내게 세세한 논문 수정을 당부한 후, 외국에 나가 좀 더 공부해 볼 것을 권하셨다. 한참이나 뒤늦은 나의 만학을 잘 아시는 분의 권유였기에 쉽게 떨칠 수 없었다.

대학 다닐 때 친구들이 한창 유학 준비를 할 때에도 나는 왠지 한국에 남아 있어야만 할 것 같았다. 막연했지만 내가 찾는 것이 거기가 아니라 '여기'에 있을 것 같았다. 그 예감 때문이었는지, 나는 출가를 했고 대학이 아닌 절집에서 그것을 구할 수 있었다.

그런 내가 미국행을 결심했다. 인문학도였던 나에게, 더구나 386세대인 우리들에게, 미국은 '양키들의 천박한 대륙'이었다. 대학 시절 누군가가 미국으로 유학 간다는 소식을 들으면 공학도거나 경제학도거니 생각하거나, 만약 그렇지 않다면 미국병이 든 환자쯤으로 여겼다. 그러므로 설사 유학을 갔더라도 미국으로는 가지 않았을 것이다.

산문山門에 들어가 있었던 세월 동안, 팍스아메리카나의 시대가 도래했고 철학과 예술의 전당이었던 유럽은 그야말로 구대륙으로 전락하고 말았다. 한국 사회는 미친 듯이 영어 교육에 몰입했고 대학에서도 독문과와 불문과는 파리를 날리는 형편이 되었다.

세월 탓인지, 수행 덕분인지, 나는 그러한 현실을 있는 그대로 받아들일 만큼 담대해져 있었다. 젊은 날의 동경이 사라졌으니 낡은 유럽을 위해 엘레지를 부를 필요는 없으리라. 미국이면 어떠랴, 그곳이 세계의 중심이라면. 그들에게 타자인 내가 어떻게 비춰지고 있는지, 세계의 중심에서 나를 바라보자. 그것은 또한 다시 나를 비추는 거울일 테니 말이다.

학술연구재단에 박사후국외연수를 신청했고 운 좋게도 나의 신청이 받아들여졌다. 그리하여 2007년 크리스마스, 축복과 은총의 날, 나에겐 연말연시 성수기임에도 불구하고 유일하게 비행기표 값이 저렴하다는 현실적인 이유에서 은혜로웠던 그날, 나는 타자들을 향해 미국행 비행기에 몸을 실었다.

"호수가 있는 곳에 백조가 가기 마련이지요."

티베트불교의 정신적 지주 중 한 사람인 16대 카르마파가 1976년 미국을 방문했을 때 미국에 온 이유를 묻는 인터뷰어의 질문에 답한 대답이다. 샴발라 출판사에서 간행된 릭 필즈Rick Fields의 미국불교사 책제목, 『How the Swans Come to the Lake』는 이 인터뷰에서 가져온 것이다.한국어 번역본은 『이야기 미국불교사』라는 제목으로 출판되었다. 스미스 칼리지에 있는 파라다이스 연못가를 산책하며 나는 카르마파의 대답을 여러 번 생각했다.

미국에서 승려이면서 방문학자라는 조금 특별한 신분은 나에게 많은 기회를 제공했다. 공부에 매달려야 하는 학위과정도 아니고 한인 사찰에 매어 있지도 않았기 때문에 미국불교의 현장을 속속들이 들여다볼 수 있었다. 더구나 불교와 현대미술이라는 주제는 현대 문명에 대한 탁월한 조망을 제공해 주는 주제였기 때문에 미국인들도 관심을 가졌다. 또한 그들은 나에게서 동아시아 문화와 불교, 비구니로서의 수행에 대한 새로운 이야기를 들을 수 있었다. 방문학자라는 비교적 자유로운 위치와 승려라는 특수한 신분 덕분에 나는 단기간이지만 미국불교를 깊이 들여다볼 수 있었다.

하지만 일 년 반이라는 짧은 연수 기간은 현대미술에 끼친 선불교의 영향을 파악하기도 충분치 않은 시간이었다. 더구나 미국불교의 전모를 파악하기란 불가능한 일이었다. 나의 미국불교 경험은 그야말로 코끼리의 다리를 더듬고 나서 코끼리에 대해 안다고 말하는 것과 같겠지만, 나라에서 준 장학금으로 다녀온 연수였던 만큼 모든 연구 성과를 회향해야 했다. 학술연구재단 박사후국외연수의 결과물로 「서양 현대미술에 나타난 선과 오리엔탈리즘」『미학』제64집. 2010을 발표했고, 불교와 관련해 「한국불교의 세계화 담론에 대한 반성과 제언」, 「불교를 위한 새로운 터전-미국 불교시설의 유형과 환경」『사단법인 한국교수불자연합회지』권16, 1호. 2호 2010을 발표했다. 조계종 교육원에서 편찬한 『한권으로 보는 세계불교사』공저의 '미국불교사' 부분도 그 성과 중 하나이다.

2009년 6월 나는 미국 서부를 거쳐 한국으로 돌아왔다.

미국을 떠나기 전 스미스 칼리지에서 내 지도교수였던 피터 그레고리 교수님과 마지막 대화를 나누면서, 한국인으로서 나는 한국불교에 대한 자부심이 그 누구보다 강하지만 승려로서 나는 코즈모폴리턴에 가깝다는 이야기를 한 적이 있다.

불교를 세계화하는 일은 불제자로서 당연한 의무지만 한국불교를 세계화하는 일에는 개운치 않은 점이 있었다. 한국불교, 중국불교, 일본불교, 태국불교, 티베트불교 등 다양한 불교의 전통들은 차이보다 공통점이 더 많기 때문이다. 또한 불교가 인도에서 한국으로 건너올 때까지 수많은 변화를 겪었고 한국에 들어온 후에도 많은 변화를 겪었듯이, 서양으로 전해진 불교도 그런 과정을 거쳐 그들의 문화에 맞게 변화할 것이다. 어쩌면 우리가 할 수 있는 일이란 먼저 불교를 받아들였던 경험을 전하는 정도에 지나지 않을지도 모른다.

정보통신의 발전과 교통의 발달로 단일한 동시대적 환경에 노출된 동서양은 자본주의의 한계와 물질문화, 인간소외, 지구환경의 오염 등등 많은 문제를 함께 직면하고 있다. 그러므로 불교적인 지혜를 기르고 힘을 모아 우리가 당면하고 있는 문제들에 대한 구체적이고 실천적인 비전을 제시하는 일이 더 중요하고 시급하다.

이 책은 미국에 있을 때 〈미디어붓다〉에 기고한 「서양문화에 나타난 불교 코드」 연재 글과 귀국 후 2010년 가을부터 2011년 겨울까지 〈법보신문〉에 기고한 「세계 속 한국불교」 연재 글 중 일부를 추린 뒤 원래 계획했으나 메모만 해 둔 글들을 바탕으로 새롭게 써서 한 권으로 묶은 것이다.

벌써 오년이나 시간이 흘러 더 기억이 흐려지기 전에 써야겠다는 생각으로 서둘러 마무리 지었다. 사진은 개인적인 추억이나 강의 자료를 만들기 위해 찍은 것이어서 어설픈 것들이 많지만 내용을 이해하는 데 도움이 될까 하는 마음으로 함께 실었다.

이 책의 출판을 맡아 준 조계종출판사의 김용환 사장님과 최승천 부장님, 늦은 밤까지 애를 써 준 고주리 과장님과 이 책이 나오기까지 도움을 준 모든 분들께 감사드린다.

그사이 한국불교도 상당히 국제화되었다. 스님들의 해외 진출도 활발해졌고 해외 불교 단체나 외국인 수행자들의 방문도 잦아졌다. 또 종단적인 교류와 국제학술대회도 여러 차례 개최되어 한국불교의 저변이 무척 넓어졌다. 이 책이 앞으로 미국이나 서양에서 불교를 공부하거나 포교를 하려는 분들, 한국불교의 미래를 모색하는 분들에게 조그마한 참고가 되기를 바란다.

2013년 5월 관악을 바라보며

명 법

차
례

프롤로그
백조는 왜 파라다이스 연못으로 갔는가 … 4

1. 스미스 칼리지 유학 생활
짐은 이미 중량 초과, 미국에 홀로 서다 … 18
김치, 된장, 고추장을 안고 스미스 칼리지에 도착하다 … 24
피터 그레고리 교수와 제이미 허바드 교수의 불교 수업 … 32
달라이라마께서 나를 부탁하셨다고? … 42
스미스 칼리지에서 만난 학생들 … 50
한문 경전을 영어로 번역하는 일 … 58
그 많던 히피는 어디로 갔나 … 64

차례

2. 미국에서 불교를 만나다

평화를 위한 노래 … 74

여성을 위한 안거 … 84

한국 비구니 스님에게 묻다 … 94

현대 사회 속에서 불교를 찾는 사람들 … 102

한국의 쑥갓이 미국에서 데이지가 되듯 … 108

버니 그래스만의 회고 … 116

미국에서 불교지도자가 되는 방법? … 126

How old is the Buddha? … 132

한인 교회, 한인 사찰 … 142

정지된 시간, 상상 속의 한국불교 … 152

차례

3. 서양 현대예술과 오리엔탈리즘

뉴욕의 별이 빛나는 밤 … 162

고흐의 자화상에 나타난 자포니즘 … 170

'보이는 것'으로부터 '보이지 않는 것'으로 … 178

미국 속의 일본, 그리고 선불교 … 184

부정의 미학, 뒤샹과 선 … 192

춤과 춤이 아닌 것의 경계 … 198

4. 스님의 눈으로 본 미국 문화

미국에서 스님으로 산다는 것 … 208

한국이었다면 어땠을까? … 218

시카고 종교회의와 일본불교의 세계화 … 226

한국불교가 미국에서 주목받지 못하는 이유 … 234

그들은 왜 사랑을 갈구하나 … 240

노샘프턴의 호랑이는 여자인가 남자인가 … 248

미국은 불교의 나라가 될 수 있을까? … 254

파라다이스 연못에 부는 바람 … 260

1
스미스 칼리지 유학 생활

2007년 겨울, 나는 한국 음식을 꾹꾹 눌러 담은 짐을 끌고 우여곡절 끝에 스미스 칼리지가 위치한 미국의 노샘프턴에 도착했다. 그곳에서의 유학 생활 중 피터 그레고리 교수의 소개로 한국의 혜민 스님을 비롯해 여러 명의 미국 불교학자들을 만났다. 난 그들의 따뜻한 배려 덕분에 큰 어려움 없이 지낼 수 있었다. 경전을 영어로 번역하는 작업에도 참여하는 등 많은 연구자들과 교류했으며 근처의 여러 수행 단체도 함께 방문했다.

짐은 이미 중량 초과, 미국에 홀로 서다

스미스 칼리지가 위치한 노샘프턴은 매사추세츠 서부에 있는 작은 도시이다. 나는 미국에 도착한 직후 뉴저지의 후배 집에서 사흘을 보낸 뒤, 최종 목적지인 노샘프턴을 향해 출발했다. 한국에서 이미 후배 가족의 겨울 여행 일정과 출발 날짜, 나를 마중 나올 사람까지 완벽하게 확인한 후 버스표를 예매해 두었기 때문에 시간에 맞추어 떠나기만 하면 되었다.

하지만 전조가 좋지 않았다. 된장, 고추장, 심지어 김치까지 꾹꾹 눌러 담은 이민 가방 두 개와 승차용 여행 가방 두 개를 본 후배의 남편이 고개를 저으며 걱정하기 시작했다. 미국 버스에는 수하물 수와 중량에 제한이 있다고. 가방 개수에는 문제가 없었지만 무게를 달아보았

나는 미국에 도착한 직후
뉴저지의 후배 집에서 사흘을
보낸 뒤, 최종 목적지인 노샘프턴
을 향해 출발했다.

더니 중량 초과였다. 다급히 전화번호부를 뒤져 한국 사찰을 찾아보았다. 가까운 곳에 원영 스님이 주석하시는 보리사가 있었다. 일면식도 없었지만 해인사 스님이라는 인연을 앞세워 봄에 찾으러 오겠다는 말과 더불어 가방 하나를 맡겨 두고 왔다. 하지만 짐은 여전히 무거웠다.

  다음 날 후배와 나는 이른 아침부터 서둘렀다. 나를 보낸 뒤 후배네 가족이 겨울 여행을 떠나야 했기 때문에 우리는 버스 출발 시각보다 일찍 뉴욕으로 출발했다. 포트 오솔리티에 도착한 다음, 주차장이 있는 옥상에서 정류장이 있는 지하 1층까지 내려가는 데에도 짐 때문에 무척 애를 먹었다. 둘이서 짐을 들고 끙끙거리면서 노샘프턴 행 버스를 타는 개찰구를 찾아냈다. 그리고 나서 다시 1층 매표소에 가서 예매표를 버스 티켓으로 바꾸었다.

이제 버스를 기다리기만 하면 됐다. 도착하면 바로 연락하라며 걱정스런 얼굴로 나를 배웅하는 후배에게 아무 걱정말라고 대답해 주었다. 그때까지만 해도 난 잠시 후 어떤 상황이 벌어질지 짐작조차 하지 못하고 있었다. 후배가 떠난 뒤,

 '이제 정말 이 넓은 미국 천지에 나 혼자구나.'
라는 생각에 잠시 움츠러들었지만 이내 괜찮아졌다.

 미국 버스는 대부분 좌석 번호 없이 선착순으로 타기 때문에 일찍부터 줄을 서서 기다려야 했다. 어떨 때에는 줄이 길어 몇 시간씩 기다리기도 했다. 이런 불편함에 대해 불평하는 사람이 없다니, 신기한 일이었다. 두어 시간 기다렸을까, 노샘프턴 행 버스가 들어왔다.

 '이제 버스만 타면 되는구나.'
라고 안도하면서 막 버스를 타려는 순간, 문제가 터졌다. 짐칸에 실으려고 내 여행 가방을 옮기던 운전기사가 가방이 세 개인 것을 보고는 짐을 실어줄 수 없다고 했다. 얼른 작은 가방을 버스에 들고 타겠다고 했더니 고개를 끄덕였다. 하지만 무게를 맞추느라 그 가방에 고추장, 된장 같이 무게 나가는 것들을 모두 넣은 탓에 무거워서 내 힘으로는 들 수 없었다. 끙끙거리는 나를 보고 도와주러 왔던 운전기사가 가방을 들다 말고 내려놓으며 말했다. 너무 무거워서 들고 탈 수 없으니 수하물 초과분에 대한 값을 치르고 오라고.

 급하니까 말문이 터졌다. 이 차를 꼭 타야 한다고 사정했다. 하지만 운전기사는 요지부동이었다. 출발 시각은 얼마 남지 않아 다급했다. 하는 수 없이 위층에 다녀올 때까지 기다려 달라고 당부하고 1층 창

구로 달려갔다. 너무 당황해서 정신이 하나도 없었다.

여기저기 뛰어다니면서 담당 직원을 찾았다. 겨우 담당자를 찾아 사정을 설명하고 수하물 값을 지불하려고 했더니, 그 사람이 느긋하게 하는 말,

"수하물 무게를 달아야 하니까 그 짐들을 가져오세요."

눈앞이 캄캄해졌다. 후배와 둘이서도 쩔쩔매면서 옮긴 짐들을 어떻게 혼자 옮긴단 말인가!

다시 개찰구로 돌아갔다. 운전기사에게 위층에서 벌어진 상황을 설명했다. 그리고는 이 많은 짐을 어떻게 혼자 옮길 수 있겠느냐, 도착 후에 요금을 지불하겠다고 덧붙였다. 하지만 운전기사는 그건 규정에 없다며 꿈쩍도 하지 않았다. 이젠 마지막이라고 생각하니 눈물이 핑 돌았다. 순간 어디서 용기가 났는지, 목적지에서 나를 기다리는 사람이 있는데 전화번호나 주소 같은 것도 없기 때문에 이 버스를 놓치면 그 사람을 만나지 못한다, 그러면 나는 국제 미아가 된다고 큰소리를 질러버렸다. 그제야 운전기사도 어쩔 수 없는 상황이라는 사실을 이해했는지 다음에는 꼭 무게를 달고 타라고 엄포를 놓으며 버스 타는 것을 허락했다. 짐을 운반하는 두 흑인도 다음에는 그러지 말라고 한마디씩 거들면서 짐을 실어 주었다.

천신만고 끝에 버스 타기에 성공했다. 버스에 올라탔더니 승객들이 일제히 나를 쳐다보았다. 그들도 모두 안심하는 표정이었다. 버스 기사와 내가 옥신각신하는 동안, 승객들이 모두 차창 너머로 저 스님이 차를 탈 수 있을지 없을지 걱정스럽게 지켜보고 있었던 것이다. 아, 이

1 스미스 칼리지 유학 생활

무슨 인연이었을까?
우여곡절 끝에 탄 버스에서
만난 아가씨는 수행을 하러
가는 사람이고, 내가 가는
그곳에 수행 센터가 있다니!

무슨 망신이란 말인가!

다행히 한 아가씨 옆자리가 비어 있었다. 앉아도 되느냐고 물었더니 흔쾌히 앉으라고 했다. 자리에 앉자마자 그 아가씨는 미소를 지으며 어느 나라에서 언제 왔는지, 미국은 처음인지 이것저것 묻기 시작했다. 처음에는 내가 외국인이어서 친절을 베푼다고 생각했다. 이어지는 대화 중 그 아가씨의 행선지를 물어보았을 때 나는 비로소 그가 나에게 관심을 가졌던 이유를 알게 되었다.

그 아가씨는 노샘프턴보다 조금 더 북쪽에 위치한 그린필드에 있는 명상 센터로 며칠간 집중 수행을 하러 가는 중이었다. 불교 수행은 아니지만 인도종교와 연관된 명상 수행을 하고 있었다. 이런저런 이야기를 나누면서 나는 내가 가고 있는 곳이 미국에서도 대단히 예외적인 지역이라는 사실을 알게 되었다.

무슨 인연이었을까? 우여곡절 끝에 탄 버스에서 만난 아가씨는 수행을 하러 가는 사람이고, 내가 가는 그곳에 수행 센터가 있다니! 조금 전 포트 오솔리티의 번잡한 장면과 전혀 다른 세계가 나를 기다리고 있는 것일까? 나는 깊은 안도감을 느끼며 곧 잠에 빠져들었다.

김치, 된장, 고추장을 안고
스미스 칼리지에 도착하다

눈길을 달려 버스는 예정보다 좀 늦게 노샘프턴에 도착했다. 노샘프턴은 도시라고는 하지만 작은 타운에 불과하기 때문에 버스가 정차한 곳은 간이 정거장이었다. 버스에서 내려서자, 나를 기다리고 있던 허바드 교수가 불교식으로 공손하게 합장을 하며 맞아 주었다. 예상치 못했던 그의 합장에 나는 그만 당황한 나머지 제대로 인사도 하지 못했다. 그들도 불교식 예법에 익숙하다는 사실을 나중에 알게 되었지만, 미국인으로부터 처음 받은 합장은 놀라웠다.

옆에 있던 흑인 모녀가 다가와서 인사를 했다. 한국에서 여러 차례 이메일을 교환한 학장보 다니엘 카였다. 원래 허바드 교수만 마중 나오기로 했기 때문에 그가 마중 나와 주리라고는 생각지 못했었다. 이

메일을 교환할 때 이름 때문에 그를 남자라고 생각했는데 만나 보니 흑인 여성이었다.

버스 짐칸에서 짐을 꺼내던 허바드 교수가 깜짝 놀라는 표정을 짓더니 잠시 멈추었다. 짐이 너무 무거웠던 것이다. 하지만 이내 짐작이 된다는 표정을 지으며 내게 물었다.

"책이죠?"

나는 태연하게 대답했다.

"아뇨, 한국 음식이에요."

허바드 교수가 다시 놀라는 모습에 다니엘과 나는 마주 보며 큰 소리로 웃었다.

짐들을 허바드 교수의 차에 실은 뒤 우리는 근처에 있는 모텔로 출발했다. 겨울 휴가가 끝날 때까지 나는 근처 모텔에서 머물기로 예정되어 있었다.

일주일간 머물렀던 노샘프턴의 한 모텔

미국에서는 크리스마스에서 신년까지의 휴가 기간에 거의 모든 관공서가 문을 닫는다. 해를 넘기지 말고 출국해야 한다는 학술연구재단의 장학금 규정 때문에 그 사실을 알면서도 겨울 휴가 기간에 도착할 수밖에 없었다. 내 지도교수인 피터 그레고리 교수 또한 휴가 중이었기 때문에 그를 대신해서 허바드 교수가 나를 마중 나왔던 것이다. 기숙사도 휴가가 끝나는 1월 3일 전에는 들어갈 수 없었다. 나는 꼼짝없이 모텔에 머물러 있어야만 했다.

그런데 나는 허바드 교수로부터 뜻밖의 이야기를 듣게 되었다. 휴가 기간 중에도 대학원 기숙사에서 지내는 학생들은 그 안에서 그대로 생활하고 있다는 것이었다. 그러니까 단지 기숙사 방의 열쇠를 전해 줄 직원이 휴가 중이라는 이유로 나를 일주일 동안 모텔에서 기다리게 한 것이다. 허바드 교수는 자기에게 열쇠를 대신 건네주면 되는데 일처리를 왜 그렇게 하는지 모르겠다며 투덜거렸다. 나 또한 도통 이해할 수 없는 일이었다.

그날 저녁, 허바드 교수의 집에 초대를 받았다. 그는 내가 한국 음식을 싸들고 온 이유를 짐작했던지 어디어디에 식당과 마트가 있는지부터 이야기해 주었다. 간이 버스 정류장이 있던 건물에 '수라'라는 한식당과 에머스트로 가는 고속도로 변에 작은 분식집이 있다며 자신도 한식을 좋아한다고 했다. 동남아시아인이 운영하는 근처 야채 가게에서 아시아 채소를 구입할 수 있으니 생활에 큰 불편은 없을 거라고 안심시켜 주었다.

노샘프턴에 도착한 후 모든 일이 순조롭기만 했다.

노샘프턴에 도착한 후 모든 일이 순조롭기만 했다.

운 좋게도 누군가 주문해 놓고 가져가지 않은
1인용 전기밥솥이 있기에 사 들고 왔다.

    일주일간의 모텔 생활을 정리하고 기숙사로 들어가던 날, 허바드 교수는 친절하게도 나를 분식집까지 데려다 주었다.
    나는 그곳에서 쌀과 약간의 부식을 구입했다. 운 좋게도 누군가 주문해 놓고 가져가지 않은 1인용 전기밥솥이 있기에 사 들고 왔다. 나는 그날 바로 밥을 지어 한국에서 어렵게 가지고 온 된장, 고추장, 김치를 곁들여 맛있는 식사를 했다.
    오후에는 다니엘이 침대보와 이불, 타월, 책상용 스탠드를 사 들고 기숙사 방으로 찾아왔다. 손수 침대보를 깔아 주면서 불편한 점들을 살펴 주었다. 그뿐만 아니라 비자를 받을 때 지불해야 했던 의료보험도 학교에서 대신 내준다고 알려 주었다.
    다니엘은 딸을 데리고 왔다. 그들이 살고 있는 스프링필드에 태권도장이 있어 딸을 그곳에 보낸다고 했다. 아이에게 동작 구령을 해 보라

은발의 노부부는 내 방이 있는 3층까지 올라오셔서
부족한 것이 없는지 살펴봐주셨다.

고 했더니 곧장 우리말로 씩씩하게 "하나, 둘, 셋!" 하고 외쳤다. 세계 구석구석 한인이 없는 곳이 없다더니 미국 소녀로부터 듣는 한국말에 새삼 그리움이 밀려왔다.

다음 날 메릴린 리 교수님 부부가 기숙사로 찾아오셨다. 은발의 노부부는 내 방이 있는 3층까지 올라오셔서 부족한 것이 없는지 살펴봐주셨다. 부군인 이영 교수님은 미국대학에서 수학을 가르치시다가 몇 년 전 은퇴 후 불교에 심취해 독학으로 철학과 불교 공부를 하고 계셨다. 그는 젊은 시절, 불교미술사를 전공하는 아내와 함께 한국에 있는 여러 사찰을 다녔던 경험이 있는 데다가 나와 동문 선배라는 인연 때문에 체류 기간 내내 나를 딸처럼 돌봐 주셨다.

개학 후, 피터 그레고리 교수가 열어 준 환영 파티에서 혜민 스님을 처음 만났다. 그곳에서 한국 스님을 만날 줄 누가 상상이나 했겠는가?

하루는 혜민 스님이 점심을 사겠다고 해서 일전에 들렀던 분식집에 갔다. 식당에 들어서자마자 나를 기억하고 있던 주인이 반갑게 맞이해 주시면서 그사이 일어난 일을 들려주었는데, 내가 전기밥솥을 사 가고 난 뒤, 전기밥솥을 주문했던 분들이 뒤늦게 찾으러 왔다는 것이었다. 그래서 얼마 전 한국인 스님이 와서 사 갔다고 했더니 그분들은 잘 아는 스님이라며 좋아했다는 이야기를 해 주었다. 이야기를 마치면서 주인은 나에게 아는 분들이냐고 물었다.

'노샘프턴에 나를 아는 사람이 있다고?'

누군지 전혀 짐작이 가지 않았다. 며칠 뒤 한 모임에서 리 교수님 부부를 만났다. 나를 보고 반갑게 다가오시더니 전기밥솥 이야기를 하셨다. 그 전기 밥솥을 주문했던 분이 바로 리 교수님 부부였던 것이다. 전기밥솥을 주문한 뒤 폭설이 내려 몇 달 동안 찾으러 가지 못하는 사이에 내가 사 갔더라는 말씀을 하시면서 잘 된 일이라고 좋아하셨다.

기막힌 우연의 일치였다. 만약 그분들이 전기밥솥을 주문하지 않았다면, 만약 폭설이 내리지 않았다면, 어떻게 되었을까? 모든 일이 나를 위해 준비된 것 같았다.

스미스 칼리지를 떠나기 전, 길거리에서 우연히 다니엘을 만났다. 곧 미국을 떠난다고 말했더니 내가 도착한 날 버스 정류장에서 있었던 이야기를 꺼냈다.

"그때 넌 참 귀여웠어!"

우리는 서로 바라보며 큰 소리로 웃었다. 책을 잔뜩 짊어지고 올 학승을 기대했던 허바드 교수의 예측을 보기 좋게 날려 버린 나의 태연한 모습이 인상적이었던 모양이다.

　절집에 떠도는 우스갯말 중에 식사食事가 대사大事라는 말이 있다. 금강산도 식후경이라고 유학생활을 하려면 잘 먹어야 한다. 한국 사람은 어딜 가나 밥과 김치, 된장찌개가 있어야 한다. 우여곡절 끝에 가져간 김치, 된장, 고추장과 기막힌 인연으로 구입한 전기밥솥 덕분에 미국에 머무는 동안 맛있는 된장찌개와 밥을 먹을 수 있었으니 고생한 보람이 있었다.

피터 그레고리 교수와 제이미 허바드 교수의 불교 수업

1 스미스 칼리지 유학 생활

유학을 결정할 때까지만 해도 나는 스미스 칼리지에 대해 아는 바가 전혀 없었다. 오직 피터 그레고리 교수만 보고 결정한 학교였다. 스미스 칼리지가 힐러리 클린턴이 나온 웰즐리 칼리지Wellesley College와 쌍벽을 이루는 여대라는 사실도 한국연구재단의 지원이 확정된 다음에야 알았을 정도였다.

스미스 칼리지는 세븐 시스터즈Seven Sisters라고 불리는 미국 동부의 명문 여대 중 하나로, 미국과 전 세계에서 활동하는 수많은 여성 지도자를 배출한 미국 여성교육의 산실이다. 『바람과 함께 사라지다』를 쓴 마가렛 미첼을 비롯해 퍼스트레이디 낸시 레이건과 바바라 부시, 미국 최초로 비행 면허를 취득한 여성 조종사이자 수필집 『바다의 선물』의

스미스 칼리지 본관

저자인 앤 모로우 린드버그, 영화 『줄리 & 줄리아』에 소개된 요리 연구가 줄리아 차일드, 여성운동가이며 『여성의 신비』를 쓴 베티 프리던과 잡지 〈Ms.〉의 편집인인 글로리아 스타이넘 등이 이 학교의 졸업생이다.

여대의 인기가 예전만하지 않지만 스미스 칼리지는 여전히 미국대학 상위 20위 안에 드는 리버럴 아트 칼리지liberal arts college이다. 인문학, 어학, 사회과학, 자연과학, 예술 분야가 유명하며, 미국 불교학 연구에서도 중심적인 대학이다. 이 작은 대학에 불교 전공 교수가 다섯 명이나 되는데, 하버드 대학교보다 많은 숫자이다.

전공 영역도 다양해서 나를 초대해준 피터 그레고리 교수는 세계적으로 권위 있는 당송대 중국불교, 특히 규봉종밀 전공자이다. 제이미 허바드 교수는 삼계교 연구로 박사학위를 받았으며 스미스 칼리지에서 일본 근현대 불교를 가르친다. 두 분은 일본에서 수학했으며 일본 불교계와 돈독한 관계를 맺고 있다.

메릴린 리 교수는 인도에서 중국, 한국, 일본까지 불교미술사를 가르치고 있으며 티베트 불교미술의 세계적인 권위자이다. 그리고 인도와 남아시아 불교를 가르치는 내 나이 또래의 앤디 로트만 교수, 언어철학을 전공한 철학과 교수이지만 티베트불교, 그중에서도 중관철학을 가르치는 제이 가필드 교수가 있다.

그러므로 학생들은 중국, 일본, 동남아시아, 인도, 티베트 등 거의 대부분의 불교 전통에 대해 배울 수 있다. 그뿐만 아니라 원한다면 주변의 네 개 대학에 개설된 불교 과목도 들을 수 있다. 1965년부터 스미스 칼리지와 주변에 있는 명문 에머스트Amherst 칼리지, 미국 최초의 여대 마운트 홀리요크Mount Holyoke 칼리지, 혜민 스님이 있는 햄프셔Hampshire 칼리지, 종합대학인 매사추세츠 주립대학the University of Massachusetts at Amherst이 컨소시엄을 구성해 학생 및 교수 교환 등 여러 부문에서 협력하고 있기 때문에 학생들은 다섯 개 대학에서 자유롭게 강의를 들을 수 있다. 불교학 분야에서는 피터 그레고리 교수와 제이 가필드 교수가 있는 스미스 칼리지가 주축이 되어 다양한 불교 교과를 개설해 학생과 교수들이 교류할 뿐 아니라 초청연설, 특강, 세미나 등을 공동으로 개최하고 있다.

첫 학기에 나는 피터 그레고리 교수와 제이미 허바드 교수의 수업을 들었다. 불교 관련 강의는 늘 인기였지만, 제이미 허바드 교수의 강의는 수강생이 30여 명이나 될 정도로 인기가 많았다. 우리나라 대학에서 한 수업에서 수강생 30명은 적은 숫자이지만 교수 한 사람 당 담당 학생이 6~7명에 지나지 않는 미국 리버럴 아트 칼리지에서는 대단한 숫자이다. 주로 학부 1, 2학년 학생들이 듣는 수업인데, 미국대학에서 어떻게 불교를 가르치는지, 학생들의 반응은 어떤지 알 수 있는 좋은 기회였다.

첫 수업이 있던 날, 자기소개를 하며 수업을 듣게 된 동기 등을 말하는 시간이 있었다. 많은 학생들이 고등학교 때부터 불교에 관심을 가지게 되었다고 했으며, 비트 시인들의 시를 읽고 불교에 호기심을 갖게 된 학생들도 꽤 되었다. 그중 한 학생이 고등학교 때 『바가바드기타』를 읽고 동양 종교에 관심을 갖게 되었다는 이야기를 했을 때, 나는 깜짝 놀랐다. 『바가바드기타』는 힌두교 3대 경전 중 하나이자 세계적으로도 널리 알려진 고전 중의 고전이긴 하나, 어려운 비유와 난해한 내용 때문에 일반인의 접근이 쉽지 않기 때문이다.

과연 우리나라 고등학생 중 『바가바드기타』를 읽은 사람이 몇이나 될까?

〈깨달음과 정치학〉 강좌에서는 불교와 현대사회, 불교와 정치 문제 등 흥미로운 주제가 다루어졌다. 강의는 흥미로웠지만 수업 분량이 적지 않았다. 허바드 교수는 학기 초에 읽을거리를 주고 학생들에게 매주 한 가지씩 발표하도록 했다. 나 또한 발표를 하게 되어 베트남불교 부분을 발표했다.

수업 중에 베트남, 티베트, 스리랑카, 캄보디아, 그리고 일본까지 거의 모든 아시아 불교 국가의 문제들과 미국불교의 상황이 거의 다 다루어졌지만, 한국불교는 없었다. 개인적으로 이 점을 아쉬워하고 있던 차에, 허바드 교수가 나에게 한국 비구니 승단에 대해 소개해 달라는 부탁을 했다. 나는 마침 준비해갔던 한국 비구니 스님에 관한 디브이디를 보여 주며 한국불교를 간단히 소개했다. 강의계획서에도 없던 발표였다.

불교를 처음 접하는 학생들이 많았기 때문에 허바드 교수는 쉽고 재미있게 가르쳤다. 동영상 자료도 많이 보여 주었다. 그는 학생들에게 전 세계 불교 뉴스를 찾아 온라인 수업 게시판에 올리도록 했다. 그중 중요한 내용은 수업 시간에 설명해 주었는데, 학생들은 거의 매일 인터넷을 뒤져 뉴스를 날라 왔다.

하루는 대만 출신 학생이 게시판에 한국불교 관련 뉴스를 올렸다.

그래서 다음 수업 시간에 잠시 그 문제를 언급하게 되었다. 뉴스의 내용은 종교인 과세였다. 그 학생은 대만에서 스님들이 보석상에 들어가는 것을 보았다는 이야기를 하면서 종교인들이 사치스러운 생활을 하는데 과세하지 않는 것은 옳지 않다고 말했다. 그리고 내 쪽으로 몸을 들어 빤히 쳐다보았다. 허바드 교수가 아마도 불상의 복장에 넣을 보석이 필요해서 보석상에 갔을 수도 있고, 스미스 칼리지가 비과세 단체이듯이 종교 단체도 세금을 내지 않는다고 사실 문제되었던 것은 종교 단체가 아니라 종교인 과세였다. 적절하게 설명해 주었지만, 그 학생의 태도는 여러 가지를 생각하게 했다.

한국을 떠나면 모든 한국인이 한국을 대표하게 되듯이 스님들도 한국불교를 대표하게 된다. 좋은 일이건 나쁜 일이건, 내가 한 것이든 아니든, 심지어 한국 밖에서 벌어진 일일지언정 불교에 관한 일이라면 나의 책임이다. 승려이기 때문에 한국불교뿐 아니라 승단 전체를 대표하고 또 그만큼 책임을 져야 한다는 사실은 부처님 제자로서 당연한 일이다. 그렇기 때문에 그 학생을 비난하거나 모른 체 발 뺄 수 없는 일이었다.

또한 더 이상 변방은 없다. 정보통신의 발달로 지구촌 구서구석에서 일어나는 일들이 실시간으로 전 세계에 알려지고 있다. 인터넷의 발달로 세상은 빨라지고 좁아지고 열려졌다. 지금 이 순간에도 컴퓨터로, 스마트폰으로 한국불교 뉴스를 모니터링 하는 사람이 있을지 누가 알겠는가?

허바드 교수는 매주 한 번 채플관 지하 명상실에서 열리는 명상 시간

채플관은 교회 건축 형식으로 지어졌지만
모든 종교를 위한 장소로 개방되어 있었다.

에 참가하는 학생에게도 가산점을 주었다. 채플관은 교회 건축 형식으로 지어졌지만 모든 종교를 위한 장소로 개방되어 있다. 그래서 스미스 칼리지 채플관에는 십자가가 없다. 개신교, 가톨릭, 유대교, 회교, 유니테리언 교회, 그리고 불교 활동이 이곳에서 이루어지고 있으며 '종교 간의 대화' 활동도 장려하고 있다. 나는 불교 사목인 안라꾸를 후에 메인 스트리트에 있는 그의 선 센터에서 만났다. 허바드 교수의 수업을 들었던 학생 중 한 명도 거기에서 다시 만났다. 2010년 이후, 스미스 칼리지는 다종교 사목 제도를 없애고 학생들의 다종교활동을 지원하는 센터를 만들었다.

한편, 피터 그레고리 교수의 〈중국불교의 개화〉 수업은 세미나 강의였기 때문에 주로 4학년 학생이 수강했다. 매사추세츠 주립대학에서 중국불교를 전공하는 대학원생과 에머스트 칼리지에 다니는 남학생도 참가했는데, 이 학생은 나중에 출가를 했다. 나와 개인적으로 대화를 하고 싶어 해서 만나 보았더니 출가하고 싶다고 했다. 오랫동안 불교를 가르치면서 출가를 희망하거나 실제 출가한 제자들을 많이 보았던 그레고리 교수가 졸업부터 하라고 만류했지만, 결국 그는 학기 중에 휴학을 하고 인도로 떠났다.

세 번째 수업 시간부터 캐서린이라는 중년 여성이 합류했다. 그는 인근에서 화원을 경영하고 있었다. 스미스 칼리지는 대학 교육을 받지 못한 여성들에게 교육의 기회를 제공하는 특별 전형이 있는데, 캐서린은 이 특별 전형을 통해 뒤늦게 공부를 하게 된 경우였다. 대학생 딸을 둔 중년 여성이었지만, 캐서린은 수업 시간에 가장 적극적으로 질문을 하며 수업에 참여하는 학생이었다.

우리는 육조단경과 종밀의 돈오점수론, 천태교학 및 당송대 선불교에 대해 공부했다. 학생들은 수업 중 두 번의 발표와 학기말 한 번의 페이퍼 발표를 했다. 그뿐만 아니라 다른 사람의 발표 시간에도 토론을 하기 때문에 수업 자료와 발표문을 미리 읽어오지 않으면 안 되었다. 그래서 학부 수업이었지만 학습량이나 수준이 우리나라 대학원보다 높았다.

그레고리 교수는 한국인 학생에게 보조지눌에 대해 발표하도록 했고 나에게도 박사논문을 소개해 달라고 했다. 발표를 할 때마다 학생들은 미리 교수를 만나 자료와 발표 방향에 대해 의논했다. 마지막 기말 발표 때에도 같은 과정을 거쳤다. 그레고리 교수는 점심시간에 학생들과 도시락을 나눠 먹으며 그들의 이야기를 들어주었다. 자주 만나 이야기하다 보니 자연히 교수는 학생들이 어떤 생각을 하는지, 공부가 어느 정도 진행되고 있는지를 파악하고 실제적인 도움을 주게 된다. 이것이 미국 리버럴 아트 칼리지 소수 정예 교육의 힘이다. 교수들은 연구도 열심히 했지만 학생 지도에도 많은 시간을 할애하고 있었다.

이런 뛰어난 교수들과 친절한 교육 방법 덕분에 어려운 한자 용어, 선적 체험을 바탕으로 한 이론을 배우는 수업이었지만, 학생들의 이해도는 뛰어났고 발표 내용도 훌륭했다. 하지만 토론 시간에는 캐서린을 제외하면 질문하는 사람이 많지 않았다. '깨달음', '돈오' 같은 추상적이고 형이상학적인 내용이 학생들의 관심사와 거리가 있었기 때문이다.

피터 그레고리 교수도 오랫동안 이 강의를 해왔지만 점점 학생들의 관심이 식어 감을 느끼고 있었다. 그래서 그는 그 학기를 마지막으로 선불교에 대한 강의를 끝내고 〈아발로키테스바라〉라는 새로운 강의를 개설했다. 인도와 티베트, 동아시아에서 성행한 관음신앙에 대한 강좌였다. 관세음보살의 여성성이 여자대학의 특징에 잘 맞았고 관세음보살의 자비가 학생들의 정서에 부합했기 때문에 반응이 무척 좋았다. 이러한 변화는 간화선의 종주국임을 자처하는 우리에게는 반갑지 않은 현상이지만, 현재 미국에서 일어나는 불교계의 새로운 경향, 즉 식어 가는 젠붐과 티베트불교에 대한 열광, 여성불교에 대한 관심이 반영된 결과이다.

일 년 반 동안 어린 학생들과 섞여서 수업을 들으면서 학생의 반응을 지켜보았다. 예전만 하진 않지만 아직도 승려가 되려는 학생들이 있다. 스미스 칼리지 학생 중 비구니 스님이 되기를 희망하는 학생도 있었다. 인도와 몽고에서 일 년 동안 현지답사를 하고 돌아온 학생들이었는데, 그들은 결국 출가하지 않았다. 그들이 상상하는 불교와 실제 아시아에서 행해지는 불교 사이에 존재하는 차이 때문이었다. 젠붐 세대보다 불교에 대해 더 많이 알고 있지만 그들이 누리고 있는 것을 포기할 수 있는 용기는 더 부족한 것인지도 모르겠다.

달라이라마께서 나를 부탁하셨다고?

브레인을 만난 것은 피터 그레고리 교수의 수업 시간 때였다. 수업 시간에 피터 그레고리 교수가 나를 학생들에게 소개해 주었을 때, 가장 호기심 어린 반응을 보인 사람도 브레인이었다. 자신도 미술사와 불교에 관심이 있다면서 좋아했다. 그는 몇 년째 스미스 칼리지에서 불교와 미술사 강의를 듣고 있었다.

브레인은 누구와도 친구가 될 만큼 붙임성이 좋은 사람이었다. 학생들과도 잘 어울렸고 수업에 참여하는 태도도 진지하고 활발했다. 피터 그레고리 교수는 나와 브레인에게 동기창의 남북종화론과 불교의 돈오논쟁을 정리한 논문을 발표하도록 했다. 발표 준비를 하면서 우리는 함께 도서관에서 자료를 찾기도 하고 발표문을 정리하기 위해 그

노샘프턴 시내

의 집에 가서 공부하기도 했다.

첫 수업이 끝난 후 브레인은 나에게 다가와서, 도울 일이 있으면 무엇이든 부탁하라고 했다. 머뭇거리는 나에게 마트에 갈 일이 없느냐고 먼저 물었다. 다른 사람에게 부탁하는 일에 서툰 나였지만 미국에서 생존하려면 적극적으로 변하지 않으면 안 되었다. 한국에서 가져온 것은 연구재단에서 받은 장학금뿐이었고 미국 동부 지역 물가는 서울보다 더 비쌌다. 자동차는 물론이고 휴대 전화를 구할 여력도 없었다. 넉넉지 않은 돈으로 미국에서 어떻게 지낼지 막막하던 참이었다. 허바드 교수가 알려 준 식품점은 모두 자동차로 20분 이상 걸리는 거리에 있었기 때문에 사실 그림의 떡이었다. 혼자서 마트에 갈 일을 걱정하고 있던 차에 나는 바로 그의 호의를 받아들였다.

두 번째 주 수업이 끝난 후, 브레인과 나는 약속대로 함께 마트에 갔다. 브레인은 유기농 음식만 파는 홀푸드로 나를 데려다 주었다. 마트로 가는 차 안에서 브레인은 얼마 전 자기 남편이 인도에서 돌아왔다는 이야기를 하며 그가 나를 알고 있더라고 했다.

'이 무슨 황당무계한 이야기인가! 만난 적도 없는 미국인이 나를 알고 있다니!'

의아해하며 어떻게 나를 아느냐고 물어보았더니 자기 남편이 달라이라마를 만나러 갔더니 존자께서 내 이야기를 하시면서 잘 보살펴 주라고 했다는 것이다.

스미스 칼리지에서 티베트불교를 가르치는 제이 가필드 교수가 브레인의 남편이라는 사실을 난 그때 알게 되었다.

그제야 2007년 가을 다람살라에서 열린 '한국불자를 위한 법회'에 참석했던 일이 생각났다. 법회 기간 중 나는 진옥 스님과 함께 달라이라마를 친견하고 미국에 가서 공부할 나의 계획을 말씀드린 일이 있었다. 존자께서는 내 이야기를 들으시고 미국 학자를 소개시켜 주시겠다고 약속하셨는데, 한국을 떠날 때까지 연락을 받지 못해 잊고 있었다. 그런데 알고 보니 다음 해 1월, 제이 가필드가 스미스 학생들과 인도에 가서 달라이라마를 친견했을 때 잊지 않으시고 그에게 내 이야기를 하신 것이었다.

가필드 교수는 달라이라마와 오랜 친분을 맺고 있었다. 그는 해마다 겨울방학에 스미스 칼리지와 주변 대학의 학생들을 데리고 인도로 가서 사르나트에 있는 티베트 학교에서 '스미스 칼리지-티베트불교 교환 프로그램'을 지도한다. 한 달이라는 짧은 기간이지만 미국 학생들은 티베트 스님들로부터 티베트어와 불교를 배우고 티베트 학생들은 가필드 교수로부터 영어와 논리학 등을 배우는 프로그램이다. 이 프로그램을 마치고 달라이라마를 뵈러 갔을 때, 존자께서 그에게 한국 비구니 스님 한 사람이 스미스 칼리지에 연구하러 갔으니 잘 돌봐 주라는 말씀을 하셨던 것이다.

가필드 교수를 처음 만난 것은 개강 후 피터 그레고리 교수가 열어 주신 환영 파티에서였다. 그 파티는 나뿐만 아니라 그해 테뉴어를 받은 앤디 로트만 교수를 축하하는 자리이기도 했다. 나는 여기에서 스미스 칼리지에서 불교를 가르치는 교수 부부 외에도 에머스트 칼리지에서 남방불교를 강의하는 마리아 하임 부부, 마운트 홀리요크 칼리지에서 여성불교를 가르치는 수잔 모지크를 만났다. 마리아와 수잔은 하버드를 졸업한 젊은 여교수들이었다. 그리고 햄프셔 칼리지에서 태국불교를 가르치는 수 달링턴과 혜민 스님, 스프링필드에 살면서 뉴욕 주립대학에서 강의하는 마크 블럼 교수 부부도 참석했다.

저녁 식사 자리에서 가필드 교수가 달라이라마께서 나를 부탁하셨다는 이야기를 했을 때 파티에 참석한 사람들이 모두 눈이 휘둥그레졌다. 나중에 피터 그레고리 교수도, 혜민 스님도 정말 그런 일이 있었냐고 묻기까지 했다. 달라이라마 스님의 소개로 가필드 교수 역시 나를 각별하게 대해 주었다.

몇 주 뒤, 브레인과 가필드 교수가 나를 저녁 식사에 초대했다. 그날 저녁, 가필드 교수가 나를 데리러 올 줄 알았는데 브레인이 나타났다. 어찌된 영문인지 물어보았더니 자기가 만드는 음식은 농부의 음식이고 남편이 만드는 음식은 왕의 음식이기 때문에 가필드 교수는 집에서 음

브레인과 마기

식을 만들고 있다고 했다. 집에 도착하니 가필드 교수는 나를 위한 채식 요리를 비롯해 진수성찬을 준비하고 있었다. 정말 왕의 요리가 준비되어 있었다. 브레인과는 다음 학기에 가필드 교수가 하는 인도근대사에 대한 강의와 메릴린 리 교수의 티베트 미술사 강의도 함께 들었다.

다섯 대학의 불교학자들은 모두 뛰어난 학자지만 학문 외적으로도 친절하고 좋은 사람들이었다. 그들은 전공 분야가 달라도 서로 존중하고 협력하며 친하게 지내고 있었다. 교수 부인들 사이의 관계도 돈독해 가족적인 분위기를 이루고 있었다. 이처럼 같은 전공자끼리 사이좋게 지내는 경우는 미국에서도 흔하지 않기 때문에 그들은 그것을 매우 자랑스럽게 생각하고 있었다. 미국에서 불교의 이미지가 그렇게 좋은 이유를 알 것 같았다.

나는 그들의 따뜻한 배려 덕분에 어려움 없이 지냈다. 많은 연구자

여성불교를 연구하는 수잔과 함께

들과 교류하고 근처의 여러 수행 단체도 그들과 함께 방문했다. 여러 학교에 초청받아 한국불교, 특히 비구니 교단에 대한 특강을 하기도 했다. 특히 여성불교를 연구하는 수잔 모지크 교수는 비구니인 나에게 더욱 책임감을 느낀 것 같았다. 그는 일 년에 하루 이틀밖에 쉬지 않을 정도로 열심히 연구하고 강의하는 학자였음에도 불구하고 일부러 시간을 내어 나의 마트행을 도맡아 도왔다.

  미국대학에서 불교 강좌의 인기는 높다. 하지만 학생들이 원하는 것과 학자들이 가르치는 것 사이의 괴리가 있었다. 학자들은 불교에 대한 사실과 이론을 전달하지만, 학생들은 실존적 고민에 대한 실제적인 도움을 기대했다. 환영 파티에서 그들은 내가 한국에서 대학생뿐 아니라 스님들도 가르친다는 사실을 알고 어떻게 강의하는지 궁금해 했다. 자연스럽게 불교를 가르치면서 느끼는 고민이 그날의 화제가 되었다.

그들의 고민이 충분히 이해되었다. 하지만 그것은 그들의 잘못이 아니라 근대적 학문 자체의 문제이다. 근대의 도구적 지성이 '앎'을 행동과 분리시키고 수단화했기 때문에 학문은 삶에서 유리되고 말았다. 오히려 나는 진지하고 열린 자세로 학생들의 고민과 요구에 귀 기울이는 교수들의 태도에서 희망을 보았다.

그들은 또한 학기 중 한 달에 한 번 세미나를 열어 불교학을 연찬하고 있다. 그 세미나에는 하버드 대학을 비롯한 인근의 여러 대학의 교수와 연구자들도 참석했다. 여기에서는 주로 공식적으로 출판되기 이전의 논문이나 저서를 발표하고 서로 부족한 부분을 지적하고 조언해 주면서 서로 다른 전공 분야에 대해 배우고 최신의 학문적 성과를 공유한다. 예를 들어, 초기불교 전공자가 중국불교를 전공하는 학자에게 어떤 팔리어 불교 개념이 한역 경전에서 어떻게 번역되었는지 묻는다. 이에 대해 중국불교 전공자가 한역 개념을 제시하고 그 의미를 설명하면 또 다른 전공자는 티베트어 번역어를 알려 주고 의미를 설명한다. 이렇게 서로 비교하면서 하나의 개념어가 갖는 풍부한 의미를 이해하고 정확한 영어 번역어를 찾게 된다.

또는 한 지역의 불교사 논문의 경우에는 서로 다른 지역을 전공하는 전공자가 그 입장에서 문제를 바라보고 그 의미를 해석한다. 그렇게 하면서 한 자리에서 세계 불교의 다양한 의미와 맥락을 이해하고 서로 다른 관점에서 바라볼 수 있게 된다.

불교의 경우, 전공 영역에 따라 언어나 역사뿐 아니라 교리도 상충하는 점이 많아 자칫 갈등이 발생하기 쉽지만, 이들은 그것을 서로의 한계와 부족함을 보완하는 계기로 삼고 있다. 이 세미나는 서로 다른 전통을 수용하고 비교함으로써 불교에 대한 더 폭넓고 정확한 이해를 도모하고 있다. 그래서 AAR이나 IABS 같은 대규모 국제학술대회는 아니지만, 한 자리에서 세계불교의 흐름과 불교학의 경향을 이해할 수 있었다.

미국의 불교학 연구가 시작된 지 이제 겨우 반세기가 지나지만 그 연구 수준은 괄목할 만하다. 열의도 대단하지만, 포용적이며 통합적인 태도는 앞으로 불교학 발전에 기폭제가 될 것이다. 또한 미국 불교 수행 단체들과 함께 새로운 미국불교의 탄생에 커다란 역할을 할 것이다.

스미스 칼리지에서 만난 학생들

뉴잉글랜드의 아름다운 풍광을 배경으로 파라다이스 호수가 펼쳐져 있고 군데군데 빅토리아풍의 건물들이 있는 스미스 캠퍼스는 평화롭고 아름답다. 학기 중에는 엄두를 내지 못하지만, 방학 때면 한가로운 틈을 타서 파라다이스 호숫가로 아침저녁 산책을 나가곤 했다. 바람 소리도 듣고 하늘도 바라보고 물도 보면서 한가로움을 마음껏 누렸다.

스미스 칼리지는 여대 중 가장 큰 규모의 도서관과 미술관, 극장, 체육관, 캠퍼스 센터 등 다양한 시설을 갖추고 있지만 그들이 가장 자랑하는 시설은 기숙사이다. 거의 모든 학생이 기숙사에서 생활하며, 기거만 하는 곳이 아니라 집과 같은 공간이 될 수 있도록 여러 가지 배려를 아끼지 않고 있다. 따라서 학생 활동도 학과보다 기숙사를 중심으로

파라다이스 호수가 펼쳐져 있고
군데군데 빅토리아풍의
건물들이 있는 스미스 캠퍼스는
평화롭고 아름답다.

내가 살았던 스미스 칼리지 대학원 기숙사

이루어지고 있다. 스미스 졸업생인 마기의 말에 따르면, 예전에는 졸업식 때 기숙사마다 깃발을 앞세우고 입장했다고 한다.

내가 살던 대학원 기숙사는 방 8개와 욕실 3개, 거실과 커다란 부엌이 있는 아담한 3층 목조 주택이었다. 다행히 대학원 기숙사에는 부엌이 있어서 음식을 만들어 먹을 수 있었는데, 부엌에는 모든 가재도구가 갖추어져 있었기 때문에 따로 물건을 살 필요가 없었다.

놀랍게도 부엌에 아주 오래된 한국 물건이 하나 있었다. LG전자의 전신인 금성사 제품의 전자레인지였다. 행자 때 국일암에서 사용했던 것과 같은 제품이었다. 그때도 오래된 물건이었으니까 상당히 오래된 것이었다. 이 부자 나라, 부자 대학의 기숙사 한 구석에서 GoldStar라는 라벨이 선명한 그것을 처음 보았을 때, 고향 사람을 만난 듯 반가웠지만 다른 한편으론 물건을 오래 쓰는 미국 사람들의 근검절약 정신에 놀랐다.

첫해에는 미국 학생 외에도 중국 학생 둘, 탄자니아에서 온 흑인 학생과 함께 지냈다. 탄자니아에서 온 학생은 한국에서 온 스님이라고 나를 소개했을 때 불교가 어떤 신을 믿느냐고 물을 정도로 불교에 대해 아는 것이 전혀 없었다. 탄자니아 인구의 절대 다수가 개신교를 믿기 때문에 다른 종교에 대해서는 무지했다. 현재 아프리카 대륙에서 가장 강력한 종교는 개신교이다. 개신교가 서양 제국의 식민지 확장과 더불어 세계를 정복한 결과이다. 물론 아프리카 토속신앙과 습합된 형태이겠지만, 자신들의 토속신앙마저 잃어버린 모습이 이방인인 나에게 더 씁쓸하게 느껴졌다. 하지만 그는 아프리카인다운 느긋함과 정으로 가끔 아프리카 음식을 요리해서 나누어 주기도 했다. 부엌에서 만나면 함께 식사도 하면서 우리는 격의 없이 잘 지냈다.

5월 중순, 여름방학이 시작되자 졸업한 학생들이 기숙사를 떠났다. 박사과정에 진학해 다른 대학으로 간 학생도 있고 고국으로 돌아간 학생도 있었다. 기숙사도 캠퍼스도 완전히 적막해졌다.

가을이 되자 새로운 학생들이 들어왔다. 내 옆방으로 이집트 학생이 왔다. 통성명을 하면서 내가 한국에서 왔다고 하자 그는 한류 드라마 이야기부터 꺼냈다. 〈대장금〉은 이집트에서도 인기였던 모양이다.

그런데 그는 기숙사에서 전혀 음식을 해 먹지 않고, 냉장고에 음식을 넣어 두었다가 가끔씩 덥혀 먹곤 했다. 한참 후에야 그 이유를 알게 되었다. 그는 회교도이기 때문에 아무 고기나 먹을 수 없었던 것이다. 다행히 스미스 칼리지 기숙사 식당 중 한 곳에서 회교 방식으로 도살한 할랄 음식을 제공하고 있었다. 그 이집트 학생은 그곳에서 하루에 한 끼 식사를 하고 그때마다 음식을 담아 와서 나머지 끼니를 해결하고 있었다. 식사비가 꽤 비쌌지만 할랄 음식을 사려면 스프링필드까지 가야했으므로 음식을 사 먹을 수밖에 없었던 것이다.

기숙사 식당 중 아시아 음식을 제공하는 곳도 있었다. '한국 음식의 날'이면 한국 학생들이 나를 부르곤 했다. 그럴 때면 나는 빈 통을 몇 개 준비해 가서 김치와 잡채, 나물을 가득 담아 왔다. 미국 학생들도 한국 음식을 좋아해 일찍 가지 않으면 음식이 모자라기도 했다.

비교적 안전한 뉴잉글랜드 지역에 있는 여자대학이어서 그런지 한국 학생이 많았다. 주로 교포 2세였다. 도착한 다음 날, 한국 식당에서 비빔밥을 먹으면서 어떻게 이곳까지 오게 되었냐고 주인에게 물었더니, 학군이 좋아서 자식 교육 때문에 이곳에 정착하게 되었다고 했다. 어딜 가나 한국인의 교육열은 알아주어야 한다.

스미스 칼리지는 일본어뿐 아니라 중국어, 한국어 과목이 개설되어 있으며 아시아 문화에 관한 다양한 교과가 개설되어 있다. 나는 한국비교문학을 전공하는 지나 김 교수의 부탁으로 그의 한국사 강의 시간에 한국불교사 특강을 하기도 했다.

국제 교류도 활발해서 외국인 유학생도 많아 내가 청강한 수업에도

54
·
55

여러 인종의 학생들이 섞여 있었다. 스미스 칼리지는 여성의 적극적인 사회참여를 강조하기 때문에 글로벌 리더십을 기르는 다양한 프로그램이 있다. 그래서 3학년에는 거의 반 이상의 학생이 외국에서 공부한다. 제이미 허바드 교수는 일본어 교수이자 자신의 아내인 마키와 함께 '스미스-일본 프로그램'을 이끌고 있으며 한국과는 이화여대와 자매결연을 맺고 해마다 학생을 교환하고 있다고 했다.

제3세계 국가나 극빈 국가의 학생을 위한 특별 전형도 있는데, 나는 허바드 교수의 수업에서 버마 학생 한 사람을 만났다. 킬링필드를 피해 온 학생이었다. 얼마 전 입적한 마하 고사난다 스님의 사원이 근처에 있었기 때문에 여러 가지 도움을 받을 수 있었지만, 졸업을 하면 어디로 갈지 고민하고 있었다. 같은 아시아인이고 스님이었기 때문에 그는 나를 매우 가깝게 생각했다. 많은 이야기를 나누지 못했지만 캠퍼스에서 만나면 반갑게 합장하곤 했다.

2009년 초, 스미스 칼리지 보건소의 인턴으로 온 티베트인 간호사가 대학원 기숙사에 들어왔다. 그는 인턴으로 근무하면서 서양 의학도 배우고 티베트 의학도 전할 예정이었다.

스미스 칼리지는 매년 티베트 학생과 스님 한 분을 초청하는데 이일에는 가필드 교수의 숨은 노력이 크다. 대부분의 티베트 학생은 인도에서 건너왔지만 허바드 교수의 강의에서 만난 한 학생은 미국에서 태어난 학생이었다. 생김새도 분위기도 다른 티베트인들과 전혀 달랐고 유창한 영어를 구사하며 자연스럽게 미국 학생들과 어울렸기 때문에 '라마'라는 성에도 불구하고 나는 티베트인이라고 생각하지 못했다. 나에 대해 호기심을 갖는 미국 학생들과 달리 나에게 무관심한 그의 태도 때문에 학기가 한참 흐른 뒤에야 그와 개인적인 이야기를 나눌 기회를 가졌다. 그의 집은 뉴욕주에 있는 티베트 사원이었으며 아버지가 티베트 스님이었다. 하지만 드럼과 록음악을 좋아하는 전형적인 아메리칸 키드였다.

스미스 칼리지는 아주 작은 학교지만 그 학생을 다시 만난 것은 다음 해 봄이었다. 도서관 입구에서 우연히 마주쳤는데 먼저 아는 체하며 인사를 했다. 피터 그레고리 교수의 〈아발로키테스바라〉 강의를 듣고 있는데 무척 재미있다면서 장차 티베트 음악을 공부하고 싶다고 했다. 수업이 있다면서 급히 강의실로 향하며 이번 방학에 뉴욕에 있는 자기 집 티베트 사원으로 오라면서 주소를 적어 주었다. 록음악만 알던 아메리칸 키드가 대학에서 불교를 배우면서 비로소 자신의 민족적 정체성을 자각하게 된 것이다.

한문 경전을 영어로 번역하는 일

2008년 이른 봄, 스미스 칼리지에서 한국불교에 대한 대중 강연이 열렸다. 피터 그레고리 교수의 초청으로 UCLA의 로버트 버스웰 교수가 '원효 스님의 금강삼매경론'에 대한 특강을 하게 된 것이다. 약 20년 전, 피터 그레고리 교수가 버스웰 교수의 주선으로 송광사에서 개최된 학술대회에 참석했을 정도로 두 사람은 오래전부터 막역한 관계이다. 대중 강연 다음 날 그레고리 교수의 수업 시간에는 버스웰 교수와 미리엄 리버링 교수가 학생들과 대화를 나누는 시간을 가졌다.

하지만 이 초청의 주목적은 다른 데 있었다. 그들은 우리나라 강원에서 가르치는 사집 교과를 나누어 영역하고 있었다. 몇 년째 진행 중인 프로젝트였기 때문에 중간 점검을 위해 모인 것이었다. 마침 나도 스미스 칼리지에 있었기 때문에 참가해주기를 요청 받았다.

우리는 사흘 동안 피터 그레고리 교수의 서재에서 영어 번역을 검토했다. 세 사람이 그동안 번역한 것들을 다 검토하려고 계획했지만, 시간이 부족해 미리엄 리버링 교수가 일부 번역한 『서장』만 검토했다. 나는 이 모임에서 영어 번역의 어려움과 문제가 무엇인지 이해하게 되었다.

세 사람 모두 아시아에서 공부를 했다. 리버링 교수는 대만에서, 피터 그레고리 교수는 일본에서, 버스웰 교수는 한국에서 한문 경전을 배웠다. 특히 일본과 한국은 한자에 토를 달아 해석하기 때문에 해석 방법이 매우 비슷하다. 한문 어순에 따라 한자 한자 해석하는 축자적인 해석은 우리말과 한문의 문장 구조가 다르기 때문에 번역한 문장이 올바른 문장이 되지 않는다. 따라서 의미도 이해되지 않는다. 한문으로 읽는 것보다 못하기 때문에 한문 경전을 가르쳐야 한다는 말이 나오게 된다. 생각해 보니 60~70년대에 일본에서 불교를 배운 서양학자들은 모두 축자적인 해석을 배웠던 것이다. 이러한 축자적 일역 또는 한역을 바탕으로 영어 번역이 이루어졌기 때문에 영어 번역에 오역도 많다.

더구나 『서장』은 초기 백화체 문장이기 때문에 구어에 대한 이해가 없으면 제대로 번역할 수 없다. 특히 '시러금, 모름지기, 뻑뻑이, 몰란결에'와 같은 고어체 표현은 문장 이해를 방해할 뿐 아니라 해석한 글이 우리말로 문장이 되지 않는 경우도 많다.

일반적으로 『서장』의 내용이 어려워서 그렇다고 생각하지만 내 생각은 다르다. 『서장』은 편지글이다. 그러므로 아무리 선 수행에 관한 이야기라도 대혜 스님이 편지를 쓸 때 읽는 사람이 알아들을 수 없는 말을 하지는 않았을 것이다. 그래서 강원에서 『서장』을 배울 때 기존의 해석을 따르지 않고 나 혼자 일일이 사전을 찾고 의미를 궁리하며 한글로 이해할 수 있는 표현을 구했다.

하지만 내 해석 방식은 내가 있던 곳에서는 인정받지 못했다. 강원 강사 스님들은 고투의 해석을 고수했고 학인들도 계속 그렇게 배웠다. 나에게 배운 학인들은 고학년이 되면 다시 고투의 해석 방식을 익혀야 했다. 학인들이 혼란을 느꼈지만, 하나만 아는 사람보다 두 가지를 아는 사람이 장차 하나만 고집하지 않고 새로운 것을 받아들이는 유연한 사고를 할 수 있을 것이라고 생각해 계속 현대적인 해석 방법을 가르쳤다.

『서장』의 영어 번역도 축자적 해석에 근거했기 때문에 오역이 많았다.

스미스 칼리지 도서관

영어로 읽어도 무슨 의미인지 알 수 없고 너무 어려웠다. 나의 영어는 부족했지만 일일이 잘못된 번역을 지적하고 그들에게 의미를 설명했다. 모두 감탄하면서 내 지적을 인정했다. 내가 영어의 뉘앙스를 잘 몰라 적절한 단어를 찾지 못하면 그들이 적절한 영어 단어를 찾아냈다. 이런 식으로 사흘 동안 공동 작업을 했다.

추상 개념은 여전히 어려웠다. 예를 들어, '리理'는 일반적으로 'principle'로 번역하지만, 중국철학이나 문학에서는 '옥玉의 무늬'라는 원래 뜻을 살려 'pattern'으로도 번역한다. 그런데 '이법계理法界'는 'the realm of principle'이나 'the realm of noumenon'으로 번역하면 공空의 의미가 나타나지 않는다. 그것은 영어와 한문이 서로 다른 사유 체계를 갖는 언어이기 때문에 발생하는 문제이므로 어떤 번역어도 완벽하지 않았다. 그와 같은 개념어를 제외한 나머지 부분은 대혜 스님이 전하고자 한 메시지가 전달될 수 있도록 번역을 고쳤다.

2008년 가을 학기에는 피터 그레고리 교수의 요청으로 매사추세츠 주립대학에 다니는 대학원생과 함께 그의 서재에서 종밀의 『도서』를 공부했다. 그리고 교수님이 번역한 영역본도 같이 검토했다. 그때 교수님과 내가 의견을 같이 한 부분은 '영어로 의미가 통하는 번역이 되어야 한다'는 원칙이었다. 이는 모든 번역의 기본임에도 불구하고 유독 한문 번역에서 이루어지지 않는 것은 오랜 세월 한문으로 읽고 한문으로 이해하는 습관 때문이었다.

한문은 외국어이다. 한문과 한글, 영어가 서로 다른 언어 체계라는 사실을 분명히 이해해야 한다. 서로 다른 사유 체계를 가지고 있는 언어를 번역하는 것은 쉬운 일이 아니다. 또한 원전이 전하려고 한 의미를 철저하게 이해해야 한다. 그러려면 말보다 그 의미를 철저하게 자기화 시켜서 이해해야 한다. 오죽하면 번역은 곧 오역이라고 하겠는가?

그 후 나는 몇 차례 한문 번역의 검토를 부탁받았다. 미리엄 리벌링 교수는 그해 겨울 캐나다 맥길 대학교에 교환교수로 가는 길에 노샘프턴에 들려 나와 함께 일주일 정도 『서장』 번역을 검토했고, 다음 해 여름 다시 테네시로 돌아가는 길에 노샘프턴에 들러 다시 한 번 더 작업을 함께 했다. 메릴린 리 선생님도 당시 중국불교조각사에 관한 책을 집필 중이셨는데, 그 내용 중 『정법화경』 번역을 나에게 검토해 달라고 부탁하셨다.

그들은 재능이 있다면, 배울 것이 있다면, 늙은이든, 젊은이든, 외국인이든 가리지 않는다. 재능을 인정하고 그것을 발휘할 기회를 준다.

사실 재능을 인정하면 할수록 그들이 얻어 가는 것이 더 많다. 이것이 미국 사람들이 인재를, 심지어 외국 인재까지도 활용하는 방식이다.

　미국 종교학회 학술대회 기간 중 열렸던 도서전시회에서 『법화경』이나 『금강경』 같은 경전뿐 아니라 『벽암록』과 『육조단경』을 비롯한 선어록 번역본이 여러 권 출간된 것을 보았다. 우리말로 번역된 『벽암록』이 2007년에야 출판된 사실을 생각하면 우리의 불교 연구와 경전 국역 사업이 얼마나 뒤져 있는지 짐작할 수 있다.

　지금이라도 늦지 않았으니 제대로 된 한글 번역을 늦추면 안 된다. 하지만 더 중요한 것은 올바른 우리말 번역이다. 훌륭한 영어 번역을 위해서는 정확한 한글 번역이 선행되어야 하기 때문이다. 외국어 실력만 좋으면 번역할 수 있다고 생각하지만 그렇지 않다. 아무리 외국어를 잘 해도 그 번역이 우리말로 의미가 통하지 않는다면 소용없다. 그러므로 모국어를 잘 구사하는 사람만 훌륭한 번역가가 될 수 있다. 우리에게는 영어를 한글로 옮기는 것이 쉽고 미국인의 경우에는 한글을 영어로 번역하는 것이 더 쉬운 것도 바로 이 이치 때문이다. 경전의 한역 작업이 몇 세기에 걸쳐 이루어졌듯 한 번의 번역으로 만족하지 말고 꾸준히 재번역하는 작업이 이루어져야 할 것이다.

그 많던 히피는 어디로 갔나

루벤은 노샘프턴에서 작은 아키펑쳐 샵을 운영하고 있는 침술사이다. 그를 처음 만난 것은 몬태규 선 센터에서 피터 그레고리 교수가 『유마경』을 강의할 때였다. 첫눈에 사람 좋아 보이는 그는 하얀 구레나룻을 멋지게 기르고 있어서 마치 인도의 요기 같았다. 강의가 시작되기 전, 그는 나에게 다가와 인도에서 12년간 스승 밑에서 공부했노라고 자신을 소개했다. 내가 한국에서 왔다고 하니까 최근 LG 세탁기를 샀는데 정말 성능이 좋더라는 이야기를 늘어놓으며 친절하게 대해 주었다. 그후 우리는 매달 『유마경』 강의 시간에 만났다. 그는 감탄사를 연발하기도 하고 질문도 하면서 열심히 강의에 참여했다.

멀리 뉴욕과 뉴저지에서 오는 참가자들의 편의를 위해 강의는 일요일 오전 오후 연속으로 진행되었는데, 어느 날 점심을 먹고 잠깐 쉬는 시간에 그레고리 교수가 70년대에 이곳 서부 매사추세츠 지역이 히피들의 낙원이었다는 이야기를 해 주었다.

노샘프턴은 작지만 음악관, 미술관, 영화관, 오래된 교회미국에서 여섯 번째로 오래되었다고 한다 등 많은 문화시설과 호수와 강, 그리고 산들로 둘러싸인 아름답고 쾌적한 도시이다. 파라다이스 도시라고 불리는 이 도시는 평화롭고 안정된 환경과 사계절이 뚜렷한 날씨 때문에 조용히 공부하고 사색하며 지내기 좋은 곳이다. 근처에 버마 스님 마하 붓다고사가 주석한 캄보디아 사원을 비롯한 명상 센터와 불교관련 시설이 50여 곳이 넘게 있어 내 연구에도 안성맞춤이었다.

거리에 나서면 사람들과 눈만 마주쳐도 미소 지으며 인사를 건네오고, 더러 스님인 줄 알아보고 합장하는 미국인도 만날 수 있다. 이 지역의 자유롭고 개방적이며 진보적인 분위기 덕분에 인근의 캄보디아와 티베트 난민보호소뿐 아니라 학점이 없는 실험적인 대학인 햄프셔 칼리지, 서부에서 샌프란시스코 다음으로 가장 큰 레즈비언 공동체가 있다. 해마다 게이·레즈비언 축제가 열리며 2008년부터 성전환자 축제도 벌어지고 있다.

그래서 이 지역이 미국에서도 상당히 진보적인 고장이라는 사실을 알게 되었지만 히피 동네였다는 사실은 처음 듣는 이야기였다. 그제야 명상 센터가 그렇게 많은 것도, 길거리에서 빈티지 차림으로 악기를 연주하는 걸인을 심심치 않게 볼 수 있는 것도 모두 이해되었다. 그러지 않아도 히피에 대해 궁금했던지라 나는 눈을 동그랗게 뜨고 물었다.

"그 많던 히피가 다 어디로 갔나요?"

그레고리 교수는 웃으면서 옆에 서 있던 루벤을 가리켰다.

제2차 세계대전이 끝나자 미국은 비약적인 경제 번영을 이루었다. 그러나 그것은 개인의 자유와 자율성을 희생한 결과여서 각 개인은 자본주의 체제가 요구하는 대로 생산과 소비를 반복하는 기계의 부속품에 지나지 않았다. 1960년대가 되자 그들은 무언가 잃어버렸다는 것을 느꼈다. 경쟁 사회에 갇혀 외로운 군중이 되어 버린 자신을 발견한 것이다.

한편, 베이비 붐세대의 젊은이들은 부모 세대의 공허한 삶을 거부하고 대학이나 히피 공동체로 '자기를 찾아서' 떠나갔다. 그들은 기성의 가치에 반항하고 영혼의 충족과 자발적 표현을 추구했다. '의식 전환'은 시대의 슬로건이 되었다. 일부는 마약에서, 일부는 명상에서, 그리고 일부는 신좌파운동에서 그것을 찾았다. 에릭 프롬, 알렌 와트, 그리고 스즈키의 책은 그들에게 복음서가 되었다.

히피들에게 '진정한 자기'를 발견하고 실현하는 방법을 가르쳐준 것은 50년대의 비트Beat였다. 비트는 진정제와 마약도 '진정한 자기'를 발견하는 수단이라고 보았다. 정신적 방황과 절망을 겪었던 비트세대의 예술가들에게 불교, 특히 선은 새로운 돌파구이자 도피처였다. 그들은 선의 비논리성, 자유로움, 깨달음의 신비 등에 매료되었다. 특히 스즈키의 선불교 소개는 도그마적인 엄격성으로부터의 자유와 자발성, 새로운 의식의 차원과 역설적이고 비논리적인 선의 가르침, 놀랍도록 쉬운 깨달음에 대한 강조 때문에 그들이 찾던 처방에 딱 들어맞았다. 그러나 수행에 대한 구체적 지침이 없었기 때문에 심리적 해방과 쾌락을 추구하는 비트와 히피들에 의해 선은 낭만화 되었다. 명상 상태가 마약 도취 상태와 유사하다고 알려졌고 마약과 알코올, 성적 방종도 깨달음에 이르는 수단으로 간주되었다. 히피세대는 게리 스나이더, 알렌 긴스버그, 잭 케루악 등 비트작가들이 열어 놓은 선불교의 문을 통해 동양의 비의를 찾아 캘리포니아의 선 센터로, 인도와 일본으로 떠났다. 루벤도 그런 젊은이 중 한 사람이었다.

비트와 히피가 이탈자들이었듯이 그들의 명상 역시 현실 이탈적인 성격이 강하다. 거기에는 스즈키의 불교 해석의 문제뿐 아니라 당시 서양에서 활동한 동양 승려들의 책임도 없지 않다. 일부는 스승의 권위나 수행을 빙자해 음주와 성적 방종에 빠지기도 했다. 아시아에서 온 스승들은 젊은 영혼의 갈증을 해소해 줄 새로운 정신성을 소개했지만 어떤 의미에서 그들 역시 전후 서양 사회의 가치관의 혼란에 빠져들었다고 볼 수 있다.

그 후 아나키스트적이고 반자본주의적이며 반현대적인 히피와 공동체 운동은 쇠락하고 그 저항문화적 성격도 대부분 잃어버렸다. 명상과 대체의학, 요가, 기공, 트랜스퍼스널 심리학 등은 웰빙의 수단으로, 경제적 효율과 창조성을 증대시키는 경영의 수단으로 활용되면서 사회적으로 용인되고 통합된 현상으로 전환되었다.

루벤은 얼마 전 젊은 아내와 행복한 가정을 꾸렸다. 그는 자의반 타의반 방기했던 아버지로서의 역할을 하면서 뒤늦게 자신의 자식들이 느꼈을 상실감을 이해하게 되었다. 그는 또한 침술사로서, 치유를 경험했던 자로서 치유가 필요한 사람들을 돕는 프로그램에 참여하고 있다.

대부분의 사회학자들이 동의하는 바처럼 비트와 히피운동은 20세기에 첨예해진 서양 사회의 문제와 결핍에 대한 반작용이지만, 좌파 문화비평의 관점에서는 비합리적 사고로의 후퇴와 책임의 방기라고 비판받는다. 그들이 추구한 제한 없는 자유와 이상적 공동체는 현실에서는 실현 불가능한 것인지도 모른다. 연기의 법칙에 따르면 조건이 없는 것은 없으니까. 그럼에도 이들의 치기와 어설픔을 탓하기보다 그들의 절망에 깊은 연민을 느끼는 것은 무슨 까닭일까?

언젠가 루벤이 아직도 자신은 세상과 어머니에게서 이해받지 못하는 어린아이와 같은 느낌이 든다고 말한 적이 있다. 히피운동은 근본적으로 소외에 대한 각성이다. 이 소외는 사회적 관계에서 야기된 것일 수도 있지만 궁극적으로 삶 자체의 허무에 대한 자각에서 발생한 것이다.

인류의 기초로서 문명은 인간의 삶을 야만과 폭력으로부터 보호하기 위해 건립되었지만, 푸코가 보여 주었듯이 문명 그 자체가 폭력적이다. 우리가 애써 쌓아 올렸던 문명이 허울임이 드러날 때, 우리를 안전하게 지켜 주리라 믿었던 제도들이 신기루처럼 소리 없이 스러질 때 우리는 어떻게 해야 하는가? 삶이 벌거숭이의 진실을 드러낼 때 우리는 더 이상 도망가거나 거짓의 위로를 구할 수 없다. 여기에 비트와 히피들의 절망이 있었다.

'일체가 고통이다'라는 부처님의 첫 번째 가르침은 그 평범함 때문에, 그러나 더 정확히 말하면 그것을 자각하는 것 자체가 너무 고통스럽기 때문에 그 심각함은 종종 외면받는다. 임제가 말한 '붉은 살덩어리의 무위진인'은 우리를 둘러싼 가상들을 떨쳐 버리고 삶의 진실 앞에 벌거숭이로 서는 것이리라. 이 점에서 비트는 선의 정신에 공명했다. 그들은 삶이 '고_苦'라는 사실을 자각했으며 제도가 그 사실을 변경시킬 수 없다는 것 또한 어렴풋이 인식했다. 제도의 한계점을 돌파하려는 이들의 시도가 성공하진 못했지만 그 절망과 반항은 예민한 정신과 언제나 마주치는 지점이다. 그러므로 거기에는 어떤 진실이 있다.

 종교 역시 현실적 바탕을 필요로 한다. 그 바탕에 근거를 둘 때 종교적 실천이 바르게 행해질 수 있다. 그러나 제도로서의 종교는 많은 긍정적인 힘과 더불어 제도로서의 한계도 갖는다. 돈이 행복을 보장해 주지 않고 결혼이 사랑을 보장해 주지 않듯이 종교 역시 인간의 구원을 보장해 주지 않는다.

 지금, 세상의 모든 종교에 몸담고 있는 자들에게 묻는다. 그대들은 진정으로 구원되었는가?

2
미국에서 불교를 만나다

내가 참석한 수행프로그램 중에는 여성 지도자가 지도한 프로그램이 많았다.
또한 미국불교에서는 명상을 수행자의 전유물이 아닌
사회의 변화를 위한 비전과 에너지를 얻는 방법으로 삼으려 한다는 점도
알게 되었다. 불교는 아시아에서 미국으로 건너간 뒤 미국 풍토에 맞게 변했다.
그 변화 중 하나가 출가승단의 부재이다.
수행에는 재가와 출가의 차이가 없지만 만약 불법을 오래 전하려면
출가승단이 필요하지 않을까? 다민족, 다문화 사회로 변화하는 한국 사회에서
다양성과 관용이라는 가치를 확산하기 위해 불교가 해야 할 역할이 무엇일까?

평화를 위한 노래

스미스 칼리지 기숙사에 들어간 뒤 얼마 지나지 않아 그레고리 교수님이 나를 집으로 초대하셨다. 교수님뿐만 아니라 부인인 마기도 선 수행을 오랫동안 해 온 분이었다. 저녁 식사를 하며 이러저러한 이야기를 나누던 중 미국불교를 경험하고 싶다고 했더니 다음 날 노샘프턴 시내에 있는 선 센터로 안내해 주셨다.

선 센터는 메인스트리트에 있는 사무용 빌딩 2층에 있었다. 여남은 명이 들어가면 꽉 차는 비좁은 공간이었지만 불상도 모시고 여법하게 수행하고 있었다. 그레고리 교수님은 그곳을 운영하는 30대 후반의 백인 여성을 소개해 주었다. 캐서린이라는 미국 이름이 있었지만 사람들은 '안라꾸'라는 법명으로 불렀다.

젠 피스메이커 모임

    첫날 나는 두 시간 정도 그들과 함께 수행을 했다. 그들은 일본 조동종 선법을 수행하고 있었다. 50분 좌선한 다음 10분 경행을 하는 것은 한국과 다르지 않지만 빠른 걸음과 느린 걸음을 반복하며 경행을 하는 점이 달랐다. 좌선이 끝난 뒤에 물어보았더니 화두를 들지 않고 그냥 정좌한다고 했다. 간화선과 가장 큰 차이점이다.
    경행할 공간이 부족해서 2층 로비까지 나가서 경행했는데, 맨발로 복도를 걷는 것이 잘 적응이 되지 않았다. 밖에서 들리는 차 소리도 처음에는 귀에 거슬렸지만 열악한 환경에서도 열심히 수행하는 그들에게 곧 부끄러움을 느꼈다.
    작은 공간이지만 매주 두 번씩 새벽과 저녁 시간의 참선, 토요일에 열리는 반나절의 참선, 그리고 가끔 주말 집중 수행 프로그램이 있었다. 참석 인원은 약 10명 남짓으로 오래된 멤버들이 정기적으로 모였다. 기숙사에서 걸어서 10분밖에 걸리지 않는 가까운 곳에 있었기 때문에 자주 참여하려고 마음먹었지만 막상 학기가 시작되고 나니 짬이 나지 않았다.

안라꾸를 다시 만난 것은 그의 스승인 엔쿄 오하라가 진행한 베레불교학 센터 집중 수행 때였다. 미국 대학에는 3월 하순에 일주일간의 짧은 휴가가 있다. 그 기간에 나는 하버드 대학교 연구원으로 있던 일미 스님이 머물던 베레불교학 센터를 방문했다. 그레고리 교수님을 통해 내 소식을 들은 일미 스님의 초청으로 이루어진 방문이었다.

노샘프턴에서 자동차로 약 한 시간 정도 거리에 있는 베레불교학 센터는 다른 불교단체와 달리 불교학 연구자를 위한 센터이다. 이웃에는 유명한 IMS Insight Meditation Society가 있다. 베레불교학 센터에는 도서관과 강당 외에 연구자를 위한 작은 오두막이 있다. 연구자들이 단기간 머물며 연구와 수행에 전념할 수 있는 개인 오두막인데 나에게 특별히 그 공간을 내어 주었다. 마침 같은 기간에 뉴욕 빌리지 젠도의 엔쿄 오하라가 지도하는 주말 안거가 있어 참가했다.

그것은 내가 미국에서 처음 참가한 안거였다. 『반야심경』을 주제로 한 안거였는데, 안거니까 당연히 좌선만 하는 줄 알았으나 법문과 토론까지 병행하는 프로그램이었다. 조금 낯설었지만 『반야심경』을 교리적으로 설명하는 것이 아니라 자신의 경험을 통해 이해하려는 것이 좋았다. 선사와 참가자가 격의 없이 서로 경험을 공유하는 이 새로운 형식의 안거는 참신하고 이상적인 시도였지만, 대화를 좋아하는 미국

베레불교학 센터 전경

노샘프턴에서 자동차로 약 한 시간 정도 거리에 있는 베레불교학 센터는
다른 불교단체와 달리 불교학 연구자를 위한 센터이다.

인이기에 가능한 프로그램이었다. 좌선에 집중하지 않는 까닭에 집중적인 훈련을 좋아하는 한국인이 좋아할지는 의문이다.

학기 중에는 한 달에 한 번 마기의 집에서 열리는 "평화를 만드는 선 수행자 모임the Zen Peacemaker Circle"에 참여했다. 1980년 조직된 이 모임은 참선, 안거, 의례뿐 아니라 사회봉사, 갈등해소, 환경감시 등 다양한 활동을 하고 있으며 12개국에 70개의 결연 센터와 그룹을 두고 있는데, 마기는 매사추세츠 지부의 장이었다.

회원의 집을 돌아가며 모임을 갖지만 주로 마기의 집에서 모임이 이루어졌다. 마기와 나 외에 플레어, 신시아, 루벤, 캐서린, 줄리에가 참여했다. 오전에는 명상을 한 다음, 미리 읽어 오기로 한 책이나 논문에 대해 대화를 나누었다. 책의 내용보다 그 내용을 어떻게 실천에 옮기는가, 또 실제 자신의 체험에 대한 이야기를 주로 했다. 점심은 각자 조금씩 음식을 준비해 오는 포틀럭 파티로 해결한 뒤, 오후에는 각자 생활에서 일어난 일이나 고민을 진솔하게 터놓고 서로 조언하는 방식으로 대화를 나누었다. 나는 그들의 요청으로 한국불교 이야기도 들려주고 한자도 가르쳐 주었다. 염불도 듣고 싶다고 해서 범패를 들려주었는데 한국식 염불이 아름답다고 좋아했다.

이 단체는 선과 사회참여를 하나로 결합하려는 버니 그래스만의 독창적인 발상에서 만들어진 것으로 한 달에 한 번 자신의 수행을 점검하는 것이 중심이 되었고 겨울과 봄에 홈리스 센터에서 무료 급식을 했다. 2009년 봄에는 스위스 지부의 회원들이 방문해 함께 모임을 갖기도 했다.

선과 사회참여를 결합한 또 다른 독창적인 형식으로 '거리 안거 Street retreat'가 있다. 『유마경』 강의 때, 점심을 먹고 잠깐 휴식을 하고 있을 때였다. 몬테규 팜 젠도의 프로그램을 소개하는 리플릿을 유심히 보고 있는데, 그레고리 교수가 다가와 웃으면서 말했다.

"미국에만 있는 독특한 것으로 거리 안거라는 것이 있어요."

리플릿에는 스프링필드에서 4월에 버니 그래스만이 진행하는 거리 안거에 대한 안내가 적혀 있었다. 나도 참가하고 싶다고 했더니 그레고리 교수는 눈이 동그래지며 위험하다고 말렸다.

그래스만은 선 수행을 사회참여를 위한 수단으로 활용했다. 그가 창안한 거리 안거는 거리에서 노숙자들과 함께 이야기를 나누거나 참선을 하면서 노숙하는 프로그램이다. 하룻밤 노숙을 하고 다음 날 아침 회향하게 되는데, 상당히 위험하기 때문에 참가자들은 자동차와 소지품 일체를 집에 두고 대중교통을 이용해 노숙 장소로 온다고 했다. 서부 매사추세츠의 사월은 춥고 가끔 눈이 내리기도 하기 때문에 두꺼운 옷을 준비해야 한다고 했다.

내가 계속 참여하고 싶다고 고집하자 그레고리 교수는 나에게 승복을 입으면 너무 눈에 띄어 위험하니까 승복을 입지 말라고 당부했다. 그러나 추운 날씨 때문에 그해 봄에 예정된 스프링필드 거리 안거는 취소되었다. 새로운 불교를 체험할 수 없어 아쉬웠지만 홈리스와 함께하는 거리 안거라는 새로운 시도는 인상적이었다.

서부 매사추세츠는 불교에 대해 포용적일 뿐 아니라 이방인들에도 관대한 고장이다. 2008년 초 미얀마 사태가 한창이었을 때 메인스트

캄보디아 사원에서 불교의식을 설명하고 있는 제이미 허바드 교수

리트 젠 센터 창문에는 'I love Burma'가 붙어져 있었다. 그 후 2009년 봄 티베트에서 시위가 있었을 때 메인스트리트에 티베트인 캠프가 설치되어 지나가는 사람들에게 배지를 나누어 주기도 했다. 그뿐만 아니라 캄보디아와 티베트에서 온 망명객들에게도 보금자리를 마련할 땅을 내주었다.

노샘프턴 동북쪽에 위치한 리버렛Leverett에는 닙본잔 묘호지 다이상가Nipponzan-Myōhōji-Daisanga, 日本山妙法寺大僧伽가 세운 피스파고다와 캄보디아 사원이 언덕 위아래에 나란히 자리하고 있다. 그곳에서 멀지 않은 곳에 캄보디아 난민공동체가 있다.

2008년 10월, 나는 피스파고다 개원 23주년 기념법회에 그레고리 교수와 그의 수업을 듣는 학생들과 함께 참가했다. 수잔 모지크 교수

피스파고다

와 혜민 스님도 학생들을 데리고 왔다. 그 지방의 불자들뿐 아니라 티베트 스님, 랍비, 가톨릭 성가대와 힙합 가수까지 참가해 축하와 평화의 메시지를 전했다. 일본식으로 북과 소고를 두드리며 법화경과 '나모호랑겟교'를 염불하는 그들의 의식은 나에게 낯설었지만, 사람들은 경건하게 향을 올리고 끝까지 자리를 지켰다. 그리고 티베트 스님의 축하 메시지, 성가대와 힙합 가수의 축하 공연이 이어졌다. 불교 의식과 힙합 가수의 노래는 어울리지 않는 조합이었지만 관중들은 흥이 나서 그들의 동작을 따라 하기도 했다.

일본불교의 신흥종파인 닙본잔 묘호지 다이상가는 반전반핵을 주장했던 교주의 뜻에 따라 지금도 해마다 매사추세츠와 워싱턴 등에서 반전 거리행진을 하고 있다. 일본식으로 '나모호랑겟교'를 염불하고 북을 치며 거리를 행진하는 그들의 반핵 평화행진은 그곳 사람들에게 널리 공감을 얻고 있었다.

피스파고다 개원 23주년 기념법회

일본식으로 '나모호랑겟교'를 염불하고 북을 치며 거리를 행진하는 그들의 반핵 평화행진은 그곳 사람들에게 널리 공감을 얻고 있었다.

여성을 위한 안거

70년대 미국 선 센터에서 발생한 섹스 스캔들은 여러 방면에서 이후 미국불교 발전에 영향을 주었다. 첫째, 선사와 제자 사이에 좀 더 수평적 관계를 형성하고, 둘째, 계율을 강조하며, 셋째, 여성 불교지도자의 필요성이 대두된 것이다.

그 결과 선원 운영에서 지도자의 절대적 권위를 약화시키고 집단지도체제로의 변화를 가져오거나 좀 더 민주적인 방식의 운영체계를 지향하게 되었다. 또한 처음 불교가 소개되었을 때 강조되었던 선적인 깨달음, 돈오, 마약과 환각의 체험 등 반문화적이고 아방가르드적이었던 저항성은 심리적인 치유로 전환되었고 수행의 윤리적 성격에 더욱 주목하게 되었다. 그리고 섹스 스캔들에 관련되었던 피해 당사자가 주로 여성이었기 때문에 여성 지도자의 필요성이 강하게 부각되었다. 그것은 비구니 승단에 대한 관심으로 이어져서 최근 동남아시아와 티베트 불교의 비구니 승단 조직을 위한 국제적인 관심을 불러일으키고 있다.

서양 여성들은 불교를 수용하는 데 남성 못지않게 적극적이었다. 지금도 많은 여성들이 불교에 관심을 가지고 있으며 불교지도자로 활동하면서 남성 못지않은 영향력을 발휘하고 있다. 그러므로 미국에서 여성 종교지도자에 대한 호감은 매우 높다. 미국에서 지내는 동안 받았던 많은 호의와 특별한 배려도 따지고 보면 '동양에서 온 비구니'라는 특수성 때문이었다.

내가 참석한 수행프로그램 중에도 여성 지도자가 지도한 프로그램이 더 많았다. 그중에서도 2008년 3월 27일부터 30일까지 사흘간 몬테규 팜 젠도에서 열린 '여성을 위한 안거'는 여성 불자만을 위한 특별한 프로그램이었다.

몬테규 팜 젠도

이 프로그램은 버니 그래스만의 두 번째 부인인 지슈 Sandra Jishu Holmes 의 사망 10주년을 추모하는 성격도 겸하고 있었다. 1998년 2월에 심장마비로 사망한 그는 콜롬비아 대학에서 생화학으로 박사학위를 취득한 후 교사로 활동하던 중 버니 그래스만을 만나 불교 수행을 시작했다고 한다. 그들은 선 센터의 재정적인 문

여성을 위한 안거는 다른 곳에서 이미 시도되었지만
마에즈미 인스티튜트에서는 처음 시도되는 일이었기 때문에
모두 흥미로워했다.

제를 해결하기 위해 그레이스턴 베이커리를 열고 1980년대 중반부터 가톨릭 수도원을 개조해 그레이스턴 만달라Greyston Mandala의 집을 만들었다. 지슈는 이 시설을 노숙자를 위한 쉼터, 탁아소, 에이즈 환자를 위한 치료와 주거 공간, 지역주민을 위한 직업훈련소로 활용했다. 복잡한 세상을 떠나 조용한 곳에서 수행하기를 원한 여리고 가냘픈 여성이며 구도자였지만 그는 삶의 중요한 시기를 참여불교에 헌신했다. 그의 이름이 일본어로 '자비의 정수'라는 의미이기 때문에 이 안거도 "The Essence of Compassion"이라고 이름 지어졌다.

여성을 위한 안거는 다른 곳에서 이미 시도되었지만 마에즈미 인스티튜트에서는 처음 시도되는 일이었기 때문에 모두 흥미로워했다. 버니 그래스만조차 여장을 하고 참가하고 싶다고 농담을 했다.

이 프로그램에는 매사추세츠 지역의 여성 불자뿐만아니라 뉴욕, 뉴저지, 롱아일랜드, 시카고, 심지어 독일에서도 참가했다. 지슈를 기억하는 많은 사람들이 모였고 그의 정신을 되새기며 '자비'라는 주제로 토론과 안거가 이루어졌다. 50명이 넘는 인원이 참여했으므로 몬테규 팜 젠도의 숙박 시설로는 부족했다. 그래서 일부 참가자는 근처의 모텔에 머물렀고 지역 참가자들은 자신의 집에서 출퇴근했다.

처음에는 이런 시스템이 익숙하지 않아 모텔을 예약하려고 했더니 마기가 몬테규까지 차를 태워주겠다고 했다. 사실 인근의 모텔도 자동차가 없으면 갈 수 없는 거리에 있었다. 그레고리 교수의 수업 시간에 브레인에게 이야기했더니 참여하겠다고 해서 마기와 나, 브레인까지 세 사람이 함께 가게 되었다.

이 프로그램은 여성 지도자 네 명에 의해 진행되었는데, 몬테규 팜 젠도 지도자 중 한 사람인 이브 묘넨 마르코Eve Myonen Marko와 로스앤젤레스 젠 센터의 에교큐 나카오Egyoku Nakao, 낸시 무조 베이커Nancy Mujo Baker, 뉴욕 빌리지 젠도의 지도자인 팻 엔쿄 오하라Pat Enkyo O'hara는 모두 미국 여성불교를 이끄는 지도자들이다.

미국 전역에서 참가하는 사람들을 배려해 목요일 저녁부터 일정이 시작되었다. 간단한 안내에 이어 여성 불교지도자 네 사람이 소개되었다. 그들의 인사와 함께 참가자들이 간단히 자기소개와 참가 동기를 이야기했다. 이어진 좌선으로 짧은 일정을 끝낸 나는 마기와 함께 노샘프턴으로 돌아왔다.

다음 날부터는 아침부터 저녁까지 참선과 여러 프로그램이 진행되었다. 아침에는 참가자들이 개별적으로 좌선을 했다. 인근 지역에서 오는 참가자들이 도착한 9시 30분부터 공식적인 일정이 시작되는데, 30분 정도 좌선을 한 다음 법회가 시작되었다.

둘째 날 오전 법회는 네 명의 여성 지도자들이 진행했다. 그들은 자비에 대해 자신의 경험이나 시를 인용해 이야기했다. 그들의 솔직하고 진실한 표현이 사람들의 마음을 울렸다. 이어서 참석자들의 이야기가 이어졌다.

오후에는 그룹 토론을 했다. 네 개의 그룹으로 나뉘어 자비를 주제로 그룹 대화를 나누었다. 발표 원칙은 자기 자신에게 진실하게 이야기할 것과 다른 사람의 이야기를 마음을 열고 집중해서 들을 것이었다. 내가 속한 조에서는 먼저 각자의 경험을 이야기하고 그 다음에 그 문제를 해결했던 방법을 이야기하는 방식으로 토론이 진행되었다. 자비에 대한 이야기는 가족 이야기가 주를 이루었다. 가족은 미국에서도 소중한 것인지 이야기를 하면서 그들은 눈물을 멈추지 못했다. 그들의 아픔이 마음 깊이 느껴져 저녁 내내 마음이 무거웠다. 저녁 식사 후 이어지는 좌선으로 하루의 일과가 마무리되었다.

셋째 날, 아침 시간 좌선을 끝낸 뒤, 새로운 프로그램이 소개되었다. 각자 몸의 느낌을 표현하는 프로그램이었는데, 두 사람이 짝이 되어 한 사람이 자신의 몸의 느낌을 몸으로 표현하면 짝이 관찰자가 되어 그림을 그리는 것이었다. 행위자는 눈을 감고 자신의 몸의 느낌에 집중하면서 그것을 동작으로 표현하고 그다음 내부의 관찰자와 외부의 관찰자가 보고 느낀 것을 서로 맞추어 보고 이야기했다.

나는 미국인 중년 여성 한 사람과 짝이 되었다. 나의 파트너는 몸의 표현을 시작하기 전에 나에게 내용을 잘 이해했느냐고 물어보았다. 외국인인 내가 잘 이해했는지 걱정이 되었던 모양이다. 영어는 잘 이해했지만 나는 누군가 앞에서 몸을 움직이는 것이 더 걱정되었다.

참여자 중에는 격렬한 몸짓을 하거나 춤을 추거나 들어 눕거나 또는 눈물을 흘리는 사람도 있었지만, 나의 파트너는 비교적 안정되어 보였다. 그의 동작이 끝난 후 나는 그의 동작을 그림으로 그렸다. 작은 원에서 점차 커지는 나선형 무늬로 발전하는 그림으로 그의 동작을 표현했다.

내 차례였다. 과연 움직일 수 있을까? 파트너 앞에 서서 눈을 감고 그냥 몸의 움직임에 맡겼다. 손가락 끝을 움직이고 어깨를 돌리고 목을 돌리다가 서서히 손을 배에 가져다 올렸다가 다시 내렸다가를 몇 번 반복하다가 두 손을 모으고 연화좌 자세를 취했다. 몸과 마음에 집중하면서 나는 완전히 삼매에 들어 버렸다.

동작이 끝난 뒤 우리는 서로 경험을 이야기하면서 내부의 관찰자와 외부의 관찰자의 관찰이 일치하는 것을 발견했다. 놀라운 체험이었다.

오후에는 훌라춤을 배웠다. 일본인 3세로서 호놀룰루에서 태어나서 지금은 시카고에 살고 있는 준June이 지도했다. 그는 우리에게 훌라춤에 표현되어 있는 하와이 원주민의 하늘과 땅의 유기적 세계관을 설명하면서 경건하게 몸짓을 했지만, 나에게는 몸을 움직이는 일이 편치 않았다.

그 후 다시 그룹 토론이 이어졌다. 나는 '선 센터에서의 여성의 목소리Voice of Women in Zen center'라는 그룹에 합류했다. 우리 그룹에서 토론한 내용은 미국 선 센터에서 여성들의 지위와 경험이었다. 나에게는 생소한 일이기 때문에 주로 듣기만 했는데, 한 여성이 똑같이 수행했음에도 불구하고 남성에 비해 차별받은 자신의 이야기를 시작했다. 대부분의 참가자는 여성들에 대한 차별 대우에 공감을 표했지만 그중에는 남성 불교지도자를 아버지처럼 여기는 마음을 바꾸기 어렵다고 토로하는 사람도 있었다. 진지하고 열정적으로 이야기가 이어지다 보니 저녁 식사 시간에도 각 그룹별로 토론이 계속되었다.

마지막 날, 마기와 나는 아침 좌선에 참여하기 위해 더 일찍 출발했다. 좌선을 마치고 지하 식당에서 차를 마시고 있는데, 마기가 찾았다. 아침 식사를 같이 하자고 하는 사람들이 있으니 팜 하우스로 가 보라고 했다. 나의 파트너가 초대한 것이었다. 토스터를 먹으면서 우리는 한국불교와 나의 연구 주제에 대해 이야기를 나누었다.

조금 뒤 다시 찾기에 가 보니 코니라는 노화가가 이 안거에 참여하고 있다는 반가운 소식을 전해 주었다. 뜻밖의 소식에 흥분했다. 백발에 마른 체구였지만 아주 단단해 보이는 노인이었다. 나는 코니에게 불교 수행이 그의 창작에 어떤 영향을 주었는지 알고 싶다고 했더니 롱아일랜드로 돌아가면 자신의 전시 카탈로그를 보내 주겠다고 약속했다.

나중에 내 이야기를 들은 브레인이 여름에 함께 롱아일랜드에 있는 코니의 화실을 방문해 보자고 제안했다. 브레인의 제안을 코니에게 말했더니 언제든지 방문하라고 하면서 조각가인 남편도 좋아할 것이라고 했다. 드디어 미국 선 센터 초기 멤버들 속에서 내 연구주제와 연관된 인물을 만난 것이다.

오전 10시부터 마지막 세션이 시작되었다. 네 사람의 여성 지도자들은 자신들의 기억을 통해 지슈의 삶과 그의 실천을 들려주었다. 지슈의 삶도 감동적이었지만 네 명의 여성 불교지도자가 한 사람의 여성 지도자를 추모하는 모습도 아름다웠다.

지슈의 자비 정신을 기리면서 우리는 11시부터 천도법회를 봉행했다. 학기 초에 그레고리 교수가 나에게 준 '감로 Sweet Nectar'라는 시디에 소개된 천도법회였다. 그것은 버니 그래스만이 아귀 체험 이후 아귀들에게 감로수를 주는 일본의 천도의식을 미국식으로 변안해 만든 새로운 형식의 천도재이다. 여성을 위한 안거에서는 시디에 소개된 것

'여성을 위한 안거'가 열렸던 몬테규 팜 젠도

보다 조금 간소화된 의식을 봉행했다. 법회 마지막에는 참석자 전부 줄지어 차례로 향을 꽂으며 고인이 된 가족과 친지, 아귀들까지 천도되기를 기원했다.

추모제를 끝으로 모든 행사는 끝이 났다. 미국 불자들은 참선만 좋아하고 아시아의 전통적인 의례를 좋아하지 않는다는 이야기를 들은 바 있었기 때문에 뒷정리를 하면서 열심히 염불을 따라했던 젊은 여성에게 물어보았다. 그는 염불을 무척 좋아한다고 대답했다. 다른 사람들도 천도재에 거부감을 느끼지 않는 모습이었다. 의례가 복잡하기 때문에 도입하기 어려웠을 뿐이지, 일본불교의 의례는 약간의 변형을 통해 미국에 성공적으로 안착한 것 같았다.

점심 식사를 하면서 아쉬운 작별을 했다. 낸시 베이커는 내가 있는 테이블까지 찾아와 인사를 하고 갔다. 롱아일랜드에서 온 그룹은 다음에 꼭 놀러 오라면서 주소를 써 주기도 했다. 코니와도 다음 만남을 기약했고 스미스 칼리지에서 사회학을 강의하는 카렌도 다음에 학교에서 만나기로 약속했다. 독일에서 온 린다, 유일한 유색인이었던 페트리아나 등등 그곳에서 불교를 수행하는 많은 여성을 만났다.

참여불교 초기에 활동했던 탁월한 여성 불교지도자를 추모하는 여성들의 안거는 의미 깊었다. 여성들만의 안거, 여성들의 연대, 불교 수행 속에서 여성의 성품을 개발하고 자신들의 존재를 확인하는 여성을 위한 안거Women's Retreat는 미국불교가 만들어낸 가장 독창적인 형식임에 분명하다.

한국 비구니 스님에게 묻다

불교는 부처님 재세 시부터 여성들에게 깨달음의 가능성을 인정했을 뿐 아니라 남성과 동등한 수행의 기회를 제공했다. 여성들이 종교적 삶의 중심에 선 것이 서양에서도 비교적 최근의 일임을 감안하면 불교는 놀랍도록 진보적인 종교이다.

그러나 실제로 20세기 말까지 비구니 승가가 남아 있는 곳은 한국, 대만, 일본에 불과했다. 스리랑카, 태국, 미얀마, 티베트 등 다른 지역에 여성 수행자가 없는 것은 아니지만 계율에 의해 비구와 동등한 신분으로 인정되는 비구니는 존재하지 않는다. 매치^{태국} 또는 안니^{티베트}라고 불리는 여성출가자들은 비구보다 열등한 신분으로 승단의 보조자 역할을 하고 있을 뿐이다.

아시아 비구니 승단 복원은 현재 세계 불교의 가장 핫한 이슈 중 하나로, 처음 이 문제가 불거진 것은 서양 여성들에 의해서다. 아시아에서 불교 수행을 하려고 했을 때 그들이 거부감을 느꼈던, 아니 더 정확히 말한다면, 그들을 거부했던 것이 있었다. 바로 여성출가 문제이다. 티베트, 스리랑카, 태국, 미얀마 등 비구니 승가가 없는 곳에서 서양 여성들이 출가할 방법이 없었던 것이다. 일부 서양 여성들은 수계를 받지 않은 채 수행을 계속했지만, 일부는 우회로를 택해 대만이나 한국, 또는 미국에서 계를 받았다. 아시아 여성들도 그들의 선례를 좇아 외국에서 비구니계를 받은 뒤 본국에 돌아가 활동하고 있다.

그러나 아직까지도 스리랑카를 제외한 다른 곳에서는 외국에서 비구니계를 받은 스님을 인정하지 않는다. 그들은 매치들이 입는 분홍색이나 흰색 옷을 입도록 압력을 받고 있을 뿐 아니라 비구가 입는 황색 가사를 입는 일은 생명을 담보로 할 정도로 위험하다.

오래전부터 서양 여성들은 이들을 돕기 위해 재정적 지원과 국제적인 여론을 조성하는 등 발 벗고 나서고 있다. 시카고 종교학회의 여성불교 세션에서도 이 문제가 집중적으로 거론되었다. 특히 티베트 비구니 수계 문제를 토론하기 위해 2007년 달라이라마의 초대로 열린 함부르크 회의가 아무 성과 없이 끝난 것에 대해 실망의 목소리가 터져 나왔다. 당사자인 아시아 여성뿐 아니라 서양 여성과 서양 남성들도 사태의 추이를 관심 깊게 지켜보고 있다.

이처럼 대안적 삶을 불교에서 찾는 많은 서양 여성에게 다른 곳에서 이미 사라진 비구니 승단이 가부장적인 가족질서가 온존하고 있는 동아시아에 남아 있다는 사실은 매우 놀랍고 신선한 일로 받아들여지고 있다. 그런 까닭에 한국의 비구니인 나는 특별히 주목의 대상이 되었다.

특히 스미스 칼리지는 학생들에게 그들이 살고 있는 지역, 국가, 지구 공동체에 대한 책임을 강조하고, 여성의 권리, 사회적 약자에 대한 배려, 인간의 존엄성 문제 등 사회적, 정치적 이슈에 대해 적극적으로 참여하게 하는 자유롭고 진보적이며 비판적인 학풍을 유지하고 있다. 이런 까닭에 스미스 칼리지 학생들도 여성의 불교 수행에 관심이 많아서 2004년 이미 '불교와 여성'이라는 주제로 포럼이 개최된 바 있다.

그뿐만 아니라 비구니가 되겠다는 당찬 포부를 가지고 아시아까지 다녀온 학생들도 있었다. 한 학생은 몽고에서 일 년 동안 현지답사를 하고 돌아왔으며 또 한 학생은 인도에 있는 티베트 여성출가자 그룹에서 수행하다가 졸업을 위해 잠시 돌아온 상태였다.

나는 스미스 칼리지 외에도 몬홀요크 칼리지, 조지 워싱턴 대학, 햄프셔 칼리지, 젠 피스메이커 모임, 홀요크 커뮤니티 칼리지, 교사와 교수를 위한 명상 프로그램에서 한국불교를 소개했다. 그때마다 빠지지 않는 질문은 비구니 스님에 대한 것이었다.

몬홀요크 칼리지의 수잔 모지크 교수의 초청으로 이루어진 특강에서 나는 운문사 학인 스님들의 동영상을 보여 주었다. 학생들은 같은 여성으로서 수행자의 길을 가고 있는 젊은 사미니 스님들의 모습을 경이롭게 지켜봤다. 그 후 학생들은 비구니로서 차별 받는 것은 없는지, 여성수행자로서 고충이 무엇인지 예리한 질문들을 했다. 한국 비구니 승가가 독립적인 교육기관강원과 수행기관선방을 가지고 있으며 사찰운영과 의례 집전에서 원칙적으로 비구 스님과 차별받지 않는다는 사실을 알려 주자 모두 놀라워했다.

  2009년 봄 학기, 혜민 스님의 부탁으로 햄프셔 칼리지에서 했던 특강에서도 한국 비구니 승가를 소개했는데, 한 남학생의 질문이 기억에 남는다. 그는 비구니 스님들이 여성들에게만 관심을 갖고 남성들에게는 관심이 없는지를 물었다. 나는 그에게 우리는 먼저 승려로서 모든 중생을 제도하겠다는 서원을 세웠다는 이야기를 했다. 그래서 남성이든 여성이든 어려운 일을 함께하고 도우려고 하지만 현실적으로 여성들의 상황이 더 열악하기 때문에 그들에게 좀 더 많은 관심을 갖게 되는 것이라고 대답했다.

  그 후 나는 노샘프턴 정류장에서 나에게 합장하는 어떤 남학생을 만났다. 워낙 불자들이 많은 고장이어서 그런 줄로 알았다. 그런데 그가 가까이 다가오더니 햄프셔 칼리지 학생이라고 자신을 소개하며 내 강의를 감명 깊게 들었다고 감사 인사를 했다.

  나는 아시아의 비구니 승단 복원의 문제나 종교단체에서 여성들의 열악한 지위에 대해 학자들과 여러 차례 이야기를 나누었다. 특히 수잔 모지크 교수는 마트를 오가며 개인적으로 대화를 나눌 기회가 많았다. 그는 여성종교인으로서 나의 의견을 듣고 싶어 했다. 나는 그에게 당시 대통령 선거에서 힐러리 클린턴이나 오바마의 선거 전략에서 좋은 모델을 얻을 수 있다는 이야기를 했다. 평소 생각한 것이지만 그들의 선거를 지켜보면서 더욱 분명해진 바가 있었기 때문이다.

선거 초반, 두 사람 중 어느 누구도 자신의 정체성을 선거 전략으로 내세우지 않았다. 힐러리는 여성임을 부각시키기보다 자신의 경험과 능력을 강조했고, 오바마는 흑인으로서의 정체성보다 새로운 비전을 강조했다. 영리한 선택이었다. 소수자들이 자신의 정체성을 강조할 경우, 자신이 속한 소수집단의 결집은 가져오겠지만 다수에게 반발을 사기 때문에 결코 선거에서 승리할 수 없다는 것을 잘 아는 양측의 명민한 선택이었다.

힐러리는 가급적 여성임을 강조하기를 피하고 그 문제를 토론하는 자리에 나서기를 거부했다. 오바마 역시 마찬가지였다. 오바마가 흑인으로서 자신의 입장을 밝힌 것은 자신의 담임목사의 문제가 불거졌을 때뿐이었다. 이 역사적인 명연설은 흑인으로서 미국 첫 번째 대통령을 꿈꾸는 오바마의 고민이 그대로 담겨져 있었다. 그 고민과, 흑인과 백인을 다 싸안는 공감 가운데 그는 대담하게 양측에 시민적 태도를 촉구했다.

힐러리의 경우, 오바마처럼 인종정체성만으로 자신을 지지해줄 수 있는 집단이 없었다. 따라서 힐러리의 선택은 여성으로서, 정치가로서 자신의 가능성을 설득하는 방법 외에 다른 것이 없었다. 이것은 정치적 현실이지만, 승가에서의 여성의 문제에 대해서도 시사하는 바가 많다.

대결보다 실력으로 전체 공동체에 기여함으로써 여성으로서의 자신의 역할을 인정받아야 한다는 것이 평소 나의 지론이다. 이를 위해 교육이 가장 중요하다. 수잔 모지크 교수와의 대화 중 아시아 여성출가자에게 가장 절실한 것이 바로 그들을 위한 교육과 수행기관의 설립이라는 사실을 알게 되었다.

제이미 허바드 교수의 수업에서도 불교와 여성에 대한 주제로 토론을 했다. 비구니 승가 복원의 문제뿐만 아니라 임신중절에 대한 불교적 입장 등 현대 사회에서 여성이 만나는 여러 가지 문제에 대해 불교가 어떤 해답을 주고 있는지 학생들의 관심이 많았다.

특히 임신중절의 문제는 한국이나 일본과 전혀 다른 상황이었다. 기혼 여성들의 임신중절이 많은 한국이나 일본 불교계에서는 일반적으로 불살생 정신을 바탕으로 임신중절을 반대하는 정서pro-life가 강하다. 반면 십대 미혼모들이 많은 미국에서 불교인들은 이들 십대 미혼모들의 자기 결정pro-woman을 존중해 임신중절수술을 허용하라고 주장하고 있었다.

제이미 허바드 교수의 수업에서도 이 문제가 논의되었으며, 마기와의 개인적인 대화에서도 이 문제를 토론한 적이 있다. 마기의 이야기에 따르면 십대 미혼모만이 아니라 재산이 많은 기혼 여성들도 임신중절수술을 받는다고 한다. 그런데 미국에서는 위법이기 때문에 그들은 캐나다나 다른 나라로 원정 가서 수술을 받는데 반해, 원치 않는 임신을 한 십대 여성들은 돈이 없어 그대로 아기를 낳을 수밖에 없다고 했다. 따라서 경제력을 갖추지 못한 십대 여성은 육아 때문에 교육을 받을 기회도 사라지고 그 결과 가난의 굴레에서 벗어나지 못하게 된다. 아이들에게도 가난이 대물림되는 현상이 발생한다. 미국 기독교 교회는 기독교 교리에 따라 하나님이 준 생명을 죽일 수 없다며 임신중절을 반대하는데, 결국 희생자는 돈 없는 십대 미혼모들이었다.

여성이 불교를 통해 어떻게 성장해야 하는가,
불교를 통해 어떻게 여성들이 당면하는 여러 가지 문제를 해결할 수
있는가는 현대사회가 불교에게 답변을 요구하는 가장 중요한 이슈 중
하나이다.

나는 마기에게 한국의 상황은 기혼 여성들의 남아선호 때문에 여아들의 중절 수술이 많으며 그래서 미국과 상황이 다르다는 점을 설명했다. 그리고 일본에서 시작된 수자령 천도법회가 한국에 수입되어 여성들과 태아를 위로하고 있는 상황도 알려 주었다.

최근 우리나라에서도 십대 미혼모 문제와 버려진 아이들의 문제가 커 가는 것을 보면서 나의 생각에도 약간의 변화가 생겼다. 원치 않는 출산에서 빚어지는 최악의 상태를 막기 위해 차악의 방법으로서 임신 중절을 허용하는 문제를 진지하게 검토해야 할 것 같다. 물론 생명의 소중함은 어떤 경우에도 존중되어야 하겠지만.

여성이 불교를 통해 어떻게 성장해야 하는가, 불교를 통해 어떻게 여성들이 당면하는 여러 가지 문제를 해결할 수 있는가는 현대 사회가 불교에게 답변을 요구하는 가장 중요한 이슈 중 하나이다. 비구 승가 중심의 한국불교에서도 여성의 중요성은 간과할 수 없다. 불자의 대다수가 여성이라는 사실만으로도 그렇거니와 세계적으로 독보적인 한국 비구니 승가의 존재 때문에도 그러하다. 그러나 우리는 그들이, 또는 우리 여성들이 절실히 묻는 이 문제들에 대해 분명한 대답을 제시하지 못하고 있다. 진정으로 한국 비구니 승가가 세계 여성들에게 비전을 제시하기 위해서는 이러한 문제에 대한 실천적인 대답을 주어야 할 것이다.

현대 사회 속에서 불교를 찾는 사람들

토마스는 2008년 여름 스미스 칼리지에서 열린 안거에서 알게 된 사람이다. 나는 6월에 뉴욕으로 내려왔지만 안거에 참석하기 위해 잠시 노샘프턴으로 돌아갔다. 마침 프로그램 사이트에 뉴욕에서 노샘프턴까지 차를 태워주겠다는 글이 올라와 있어 전화를 걸었다. 그렇게 해서 토마스와의 약속이 정해졌다.

토마스를 만나려면 맨해튼 125번가로 가야 했다. 말로만 듣던 할렘이다. 약속한 시간에 맞춰 125번가에 도착했다. 이리저리 둘러보다 가장 눈에 잘 띄는 지점에서 기다렸다. 얼마 지나지 않아 빨간 자동차가 내 앞에 섰다. 웬 흑인이 차에서 내리더니 나에게 차를 타라고 손짓을 했다. 토마스였다.

지금까지 참가했던 명상 프로그램에서 흑인을 만난 것은 페트리아나 이후 처음이었다. 집중안거 프로그램 참여자들이 주로 백인이었기 때문에 이 안거에서 흑인을 만나게 될 줄 상상하지 못했던 터라 약간 당황했다. 그는 할렘 북쪽에서 흑인 여성 한 명을 더 태웠다. 그렇게 셋이서 스미스 칼리지까지 동행했다.

그들은 스마트하고 멋졌다. 차를 타고 가면서 여러 가지 이야기를 나누었다. 그즈음 한국에서는 미국 쇠고기 수입 반대 시위가 한참이었다. 바로 전날 뉴욕타임스 일면 톱기사로 시위대의 사진이 대문짝만하게 나와, 만나는 사람들마다 한국인들이 어떻게 생각하는지 궁금해 했다. 토마스 역시 내가 한국인이라고 소개하자 대뜸 미국 쇠고기 수입 반대에 대한 의견을 물었다.

내 의견을 말하면서 쇠고기에 대한 검역 강화가 너희 미국인들에게도 도움이 될 거라고 말했더니, 자신은 미국인이 아니라 에티오피아 출신이라고 했다. 대학에서 남미 출신 아가씨를 만나 결혼해 미국에 정착했으며 지금은 할렘에 있는 '어머니들의 저항'이라는 교육 관련 자원단체에서 사회운동가로 일하고 있다고 했다.

동행한 흑인 여성은 로렐라이라는 독특한 이름을 가지고 있었다. 선원이었던 아버지가 뱃사람과 관련된 로렐라이 이야기를 듣고 지어 준 이름이라고 했다. 그 역시 사회운동가로서 아프리카 여성의 교육을 돕는 기관에서 일하고 있었다.

그들은 한국에서 벌어지고 있는 미국 쇠고기 수입 반대 시위에 관심이 많았다. 이명박 정부가 정책을 바꾸기로 약속했다는 소식을 말해 주자 환호를 질렀다. 미국에서는 부시에 대한 반대 시위가 아무리 많아도 정책이 바뀌진 않았다면서 한국의 피플 파워에 감탄했다.

좌파 성향의 젊은 그들은 세계정치에 관심이 많았다. 한참 문제가 되고 있던 티베트에 대한 중국의 탄압, 막 민주당 후보로 결정된 오바마, 미국 정치의 변화, 그리고 그들의 출신지인 아프리카 정세 등 여행 내내 정치 이야기를 했다.

그들과 대화하면서 내가 그동안 비교적 세계정세를 잘 알고 있는 줄 알았는데 그게 아니라는 사실을 깨달았다. 그들이 이야기하는 아프리카 상황은 전혀 모르고 있었다. 아프리카는 빈곤과 정치적 억압, 질병 등 지구상 가장 비참한 지역 중 한 곳이지만, 그동안 내 관심이 아시아와 미국, 유럽에 한정되어 있었던 것이다. 그들이 한국에 대해 알고 있는 것보다 내가 아프리카에 대해 알고 있는 것이 훨씬 적다는 사실을 알고 부끄러움을 느꼈다.

사회에서의 관조적 마음을 위한 센터Center for Contemplative Mind in Society가 주관하고 스미스 칼리지 사회복지 석사과정에서 후원한 그 안거는 사회운동가를 위해 명상과 사회운동의 접목을 시도한 새로운 프로그램이었다. '은유의 전이: 깨달음의 길로서의 행동주의Shifting Metaphors: Activism as a Path to Awakening'를 주제로 쿠바 출신의 미국인 불교지도자 레이몬 발도퀸이 지도하고 50여 명의 사회운동가들과 사회복지과정 학생들이 참여했는데, 그들 중 다수가 유색인이었다.

나는 이 안거에서 명상을 수행자의 전유물이 아니라 사회의 변화를 위한 비전과 에너지를 얻는 방법으로 삼으려는 미국불교의 지향점을 짐작할 수 있었다. 그들은 사회운동을 불의에 항거하는 저항운동이 아니라 세상의 고통을 지켜보고 그것을 치유해 모든 존재의 웰빙과 평화를 도모하는 활동으로 전환하는 데 불교의 명상과 평화의 가르침을 응용하고자 했다. 참석자들은 좌선과 경행, 법문을 통해 고요하고 여유롭고 따뜻한 자비를 체험하고 사회운동에 필요한 에너지와 비전을 찾으려고 했다.

그런데 사회운동가 중 유색인의 비율이 높은 것은 그 동기가 유색인 차별과 관련이 있기 때문이다. 인종차별이 사라졌다고 하지만 아직도 제도화된 압력과 미묘한 차별이 존재하고 있다. 그때문에 고통받고 있는 유색인들을 위해 토마스나 로렐라이처럼 교육 받은 유색인들이 사회운동가로 나서고 있는 것이다.

노샘프턴은 다른 지역보다 외국인에게 호의적인 곳이지만, 버스 옆자리에 앉았던 중년 백인 여성이 이상한 물건을 보듯 나를 바라보는 시선을 경험한 적이 있다. 이런 경험들 때문에 유색인들끼리 만나면 서로 동질감을 느끼게 되는 것이다.

그러나 그들은 그러한 차별에 감정적으로 대응하기보다 깊은 공감대 속에서 자유롭고 개방적이며 자비로운 마음을 개발하고자 했다. 불교의 가르침은 미국 사회운동을 새로운 방향으로 전환시키고 있었다.

다른 안거와 달리 특별히 묵언 수행이 요구되었다. 내면으로 깊이 침잠하는 방편으로 묵언을 강조했기 때문에 이야기하기를 좋아하는 미국 사람들조차 줄곧 침묵을 지켰다. 묵언 중이었지만 분위기는 매우 화기애애했다. 안거가 끝나고 마지막으로 저녁 식사를 할 때 비로소 말문을 트고 그동안 못한 이야기를 하느라 식당이 소란스러웠다. 이 안거를 통해 유색인들은 더 깊은 공감대를 느꼈던 것 같다. 개인적으로는 토마스나 로렐라이와 많은 이야기를 나누지 못한 것이 아쉬웠다.

내가 조금 더 그들의 경험에 접근할 수 있었던 것은 그 해 7월 뉴욕주에 위치한 개리슨 인스티튜트에서 열린 안거를 통해서였다. '깊은 충전과 연계: 사회정의 활동과 봉사를 위한 자비 친교와 현존의 명상 Deep Replenishment and Connection: Meditations of Loving Communion and Presence for Social Justice Activism and Service'이라는 주제의 집중 수행은 보스턴 칼리지의 라마 존 마크란스키Lama John Makransky 교수의 지도로 이루어졌다. 명상과 강의, 토론으로 구성된 이 안거에는 다양한 연령대의 사회운동가, 사회복지사, 심리치유사가 20여 명 참여했다.

거기서 나는 스미스 칼리지 안거에 참여했던 흑인 여성을 다시 만났다. 식사 시간에 우리는 많은 대화를 나누었다. 그에게 왜 안거에 참여하느냐고 물어보았다. 그는 자신의 상황을 이야기해 주었다. 대부분의 사회운동가들은 보수가 적기 때문에 투잡족이 많으며 그래서 일의 강도 때문에 체력적으로 고갈된다고 했다. 그뿐만 아니라 사람들의 어려운 사정을 듣다 보면 분노와 연민에 사로잡혀 정서적으로 매우 날카로워지기도 한다고 했다. 사람들을 돕기 위해 시작한 일인데, 정작 그들이 생활고와 정서적인 곤란 때문에 고통을 당하고 있었다.

명상은 그들에게 일종의 해독제였다. 이 안거는 티베트 명상법을 응용한 자비명상을 중심으로 진행되었는데, 우선 긴장된 마음을 이완시키고 자신에게 은혜를 베푼 사람을 시각화하도록 했다. 이 명상을 통해 은혜를 베푼 사람과 깊은 연관을 느끼고 그 앞에서 더 충만하게 현존하게 함으로써 마음의 심층으로부터 평정과 개방성, 단순성을 회복하고 사회운동을 위한 긍정적 동기와 에너지를 얻고자 했다.

서로 경험을 나누는 시간에 그들은 명상 도중 느낀 감정의 변화에 대해 이야기하면서 눈물을 터뜨렸다. 아마도 안거에서 경험한 자비와 내면의 회복은 그들이 다시 세상에 나가 불의에 도전할 때 어떤 곤란한 상황에서도 인간적인 존엄성을 유지하며 인간에 대한 깊은 신뢰와 존중, 그리고 배려를 할 수 있는 힘이 될 것이다.

토마스와 로렐라이는 뉴욕으로 돌아간 다음, 모임을 만들어 명상을 계속했다. 나에게도 몇 차례 메일이 왔지만 학기 중에 시간을 내기 어려워 가 보지 못했다.

기성세대들이 아시아의 신비와 선적인 깨달음에 매혹되었다면, 젊은 세대는 불교 수행을 통해 사회의 부정의와 편견에 맞서고 서로 깊이 연대하는 실천적인 지혜를 얻으려고 한다. 현대 사회 속에서 불교의 효용을 찾으려는 젊은이들에 의해 불교는 새로운 미래를 열어갈 것이다.

한국의 쑥갓이 미국에서 데이지가 되듯

그레고리 교수 부부는 버몬트의 산골 마을에 시골집을 가지고 있다. 2008년부터 마기는 마당 한 쪽에 텃밭을 만들어 약초를 키우기 시작했다. 작은 텃밭이지만 마기는 이 일을 매우 좋아해서 한 주 걸러 한 번씩 주말마다 자동차로 네 시간 넘게 걸리는 거리를 달려가 씨를 뿌리고 밭을 매곤 했다. 그해 여름방학이 끝나고 노샘프턴으로 돌아갔을 때 만난 마기의 그을린 얼굴은 건강하고 아름다웠다. 버몬트의 흙과 태양이 내면의 중심을 확고하게 잡아 준 것 같았다.

마기는 그 다음 해부터 중국 약초에 대해 공부하기 시작했다. 일주일에 세 번씩 강의에 빠지지 않고 열심히 다니더니 어느 날 내가 준 구기자차와 쑥차의 약효에 대해 배웠다면서 차 만드는 법을 가르쳐

버몬트 텃밭에서 일하고 있는 피터 그레고리 교수 부부

달라고 했다. 그러면서 날씨가 따뜻해지면 자신의 시골집에 함께 가 보자고 했다.

미국 북동부의 봄은 더디게 왔다. 3월 중순에도 눈 폭풍이 몰아쳐 스미스 칼리지의 모든 수업이 휴강되기까지 했다. 4월이 되자 어느새 거리에 쌓여 있던 눈이 녹기 시작했다. 마기에게 언제쯤 버몬트에 갈 수 있느냐고 물었더니 거긴 아직도 눈이 한 길이나 쌓여 있으니 눈이 녹기를 기다리자고 했다.

5월 중순, 마침내 버몬트의 눈이 녹았다는 소식이 들렸다. 그즈음부터 스미스 칼리지의 여름방학이 시작됐고, 나는 기숙사에서 나와 그레고리 교수 댁으로 들어갔다. 노샘프턴을 떠나기 전 마지막 일주일을 두 분과 함께 보내기 위해서였다.

쑥갓이 미국에서 데이지가 되듯 불교도 아시아에서 미국으로 건너간 뒤 미국 풍토에 맞게 변했다.

그 주 주말, 우리는 버몬트로 떠났다. 브레인도 밭일을 좋아한다고 해서 합류했다. 브레인과 나, 피터, 마기, 그리고 마기의 어머니까지 모두 다섯 사람이 소풍가듯 들뜬 기분으로 버몬트의 한적한 시골로 향했다. 차가 시골길로 접어들자 산 사이로 굽어진 길이 나타났다. 우리나라 어디선가 본 듯한 익숙한 풍경에 마음이 편해지고 입가에 절로 미소가 지어졌다.

버몬트의 드넓은 대지에서 오랜만에 흙냄새를 맡으며 우리는 열심히 일했다. 작은 텃밭이었지만 잡초가 무성해서 일이 생각보다 더디게 진행되었다. 그러던 중 밭 한 귀퉁이에서 쑥갓을 발견했다. 브레인이 잡초라며 뽑으려는 것을 한국에서는 식용으로 사용한다며 말렸다. 잎을 먹어 보니 향이 강해 먹을 수 있을 것 같지 않았다. 내가 가지고 있던 영어 사전을 찾아보니 쑥갓은 영어로 '크라운 데이지crown daisy'였다. 마침 마기가 식물도감을 가지고 있어 뒤져보았더니, 미국에서는 그냥 '데이지'라고 부르며 식용이 아니라고 했다. 그래도 꽃을 보기 위해 남겨 두기로 했다.

밭을 다 맨 다음 우리는 마기가 노샘프턴에서 가져온 모종을 옮겨 심었다. 그런데 그중 쑥 모종이 있었다. 우리나라 산천에 지천으로 자라는 쑥을 모종으로 옮겨 심는 것이 우스워 마기에게 이야기했더니 놀라워했다.

강남의 귤이 회수를 건너면 탱자가 된다고 했던가? 모든 것은 환경과 토양에 따라 변하기 마련이다. 쑥갓이 미국에서 데이지가 되듯 불교도 아시아에서 미국으로 건너간 뒤 미국 풍토에 맞게 변했다.

버몬트 농장

　그 변화 중 하나가 출가승단의 부재이다. 처음 미국 선 센터에 갔을 때 사람들이 '승가Sangha'라는 말을 스님이 아닌, 일반 불자를 가리키는 말로 사용하는 것을 보고 놀랐다. 오래 지나지 않아 그 이유를 알게 되었다. 아시아 출신의 승려나 아시아로 가서 승려가 된 일부 미국인을 제외한 대부분의 미국 불교지도자들은 출가하지 않고 가정생활을 유지하고 있다. 심지어 동성애자도 섞여 있기 때문에 '승가'를 독신 출가자에 한정시키면 미국 승가를 구성할 사람이 아무도 없게 된다.
　그렇다고 그들의 수행이 진지하지 못하다거나 계율을 지키지 않을 것이라고 속단해서는 안 된다. 대승불교나 소승불교의 계율과 다르지만 그들은 그들 나름의 계율을 만들어 지키고 있다. 청교도적 전통 때문인지 알 수 없지만 한 번 계를 받으면 우리보다 더 철저하게 지킨다.

다만 미국 불교지도자들에게 결여된 것은 세상을 버리고 결연히 출가 사문의 길을 걷는다는, 아시아 스님들이 공통적으로 가지고 있는 승려로서의 정체성이다. 여러 가지 원인이 있겠지만 무엇보다 미국의 현실주의적이고 실용주의적인 문화가 가장 중요한 원인인 것 같다.

프로테스탄트 정신으로 세워진 미국에서 성직자의 특권적 지위와 종교적 수행을 위해 일상적인 삶을 포기한다는 관념은 낯선 것이다. 미국불교가 초기에 비트 작가들과 히피 공동체를 통해 퍼져 나갔던 점도 출가승단의 부재에 한 몫을 했다. 엄격한 수행보다 특별한 의식 체험을 강조하고 공동체적인 삶을 꿈꾸었던 이들의 저항문화적 성격은 세속적 쾌락을 금기시하지 않는 미국불교의 특징을 형성하는 데 결정적인 역할을 했다. 그런 까닭에 미국으로 건너 간 일본과 티베트의 대처승들도 미국적인 종교 풍토 속으로 자연스럽게 흡수되었다.

사실 미국처럼 풍요롭고 자유분방한 나라에서 세속적 쾌락을 버리고 승가의 엄격한 규율을 지키는 일은 하늘의 별따기보다 어렵다. 70년대 일부 선 센터에서 발생한 섹스 스캔들과 요즘도 신문지상에 간간이 보이는 목사나 신부들의 성추행은 미국 환경에서 성직자의 삶을 유지하는 것이 얼마나 어려운지를 여실히 보여 준다.

이런 현실주의적 태도 때문에 불자가 아니면서 불교 수행을 하는 사람들을 종종 볼 수 있다. 또 누구나 불교 수행을 할 수 있고 누구나 불교지도자가 될 수 있다고 생각하기 때문에 승려의 특수성을 인정하지 않는다. 그래서 미국불교에는 재가신도가 스님들에게 보시한다는 개념이 없다. 미국인들은 그들에게 물질적이든 정신적이든 무언가 구체

스미소니언 박물관에서 학생들에게 강의하고 있는 안니 쿵가 스님

IABS 학회에서 안니 쿵가 스님과 함께

적으로 제공될 때에만 보시한다. 그들을 지도하는 스승에게는 아낌없이 기부하지만 신참 승려에게는

"아무 기여도 없는데 왜 우리가 그들에게 기부해야 하는가?"

라고 반문한다. 따라서 생계유지를 위해 출가자들도 직업을 가지지 않으면 안 된다. 내가 만난 미국인 수행자 중 전업 수행자는 매우 적었다. 노샘프턴 시내의 메인스트리트 선 센터는 그 옆에 카이로프라틱 시술소를 운영하고 있으며, LA 달마 선 센터를 창건한 숭산 스님[1927~2004]의 미국인 제자 스님도 다른 직업을 가지고 있었다. 내가 방문한 워싱턴 근교의 티베트 사찰은 안니 쿵가 스님이 십 년 동안 정부기관에서 일해 번 돈으로 장만한 절이다. 그곳에서 함께 수행하는 미국인 비구 스님도 컴퓨터 관련 업종에서 일하며 퇴근 후 짬을 내어 수행을 하고 있었다.

한번은 출근 시간에 나를 시내까지 태워다 주면서 투잡족의 고단함을 토로하기도 했다. 이처럼 미국에서는 스님이 직업을 가지면서 수

> 미국에서는 스님이 직업을 가지면서 수행을 병행하는 것이 여간 어려운 일이 아니기 때문에 다시 재가자로 돌아가는 경우가 많다.

행을 병행하는 것이 여간 어려운 일이 아니기 때문에 다시 재가자로 돌아가는 경우가 많다.

그런데 그들은 재가자로 돌아가도 불교지도자로서의 지위를 포기하지 않는다. 이제 부양할 가족이 생겼으니 더 많은 돈이 필요하고 따라서 그들이 운영하는 선 센터의 프로그램 참가비가 비싸진다. 주말 안거나 특별 수행 프로그램은 매우 비싸 중산층 이상이 아니면 참가하기 어렵다. 그때문에 불교가 서민계층까지 파고들지 못하며 사찰의 재정적 곤란도 해결되지 못해 결과적으로 수행에만 전념할 수 있는 여건을 마련하기가 더욱 어려워진다.

미국에 있으면서 한국에서 스님이 된 것이 얼마나 행운인지, 신도들의 시주가 얼마나 고마운지 더 깊이 느끼게 되었다. 그리고 출가승단의 소중함에 대해서도 많은 생각을 하게 되었다. 쑥갓이 데이지가 되듯 미국에서 불교는 아시아의 원형 그대로 남아 있지 않다. 이 변화가 무엇을 의미하는지, 이로부터 우리가 무엇을 배워야 할 지 깊이 고민해 볼 일이다.

버니 그래스만의 회고

미국인들은 그들의 불교가 승려라는 특권 계층을 배제한 민주적인 불교라는 점을 매우 자랑스럽게 생각한다. 그러므로 비구라는 이름만으로, 승납이 오래되었다는 이유만으로 존경받는 것은 미국 사회에서는 용납될 수 없다. 학생들도 교수의 이름을 친구처럼 부르는 미국 분위기에서 불교 공동체 내에 위계질서가 없는 것이 더 자연스러울지 모른다.

그럼에도 불구하고 미국불교에는 아무 문제가 없을까? 전업수행자들이 수행과 가정생활을 병행하는 것이 가능할까? 또 어떤 위계질서도 없을까? 만약 그렇다면 민주화된 세상에서 출가승단은 구시대적 착오에 불과한 것일까?

2009년 1월, 나는 이 문제에 관해 흥미로운 대화를 나눌 기회를 가졌다. 피터 그레고리 교수는 나의 연구에 도움이 될 만한 일이면 모두 소개시켜 주셨다. 그뿐만 아니라 근처에 좋은 행사가 있으면 자동차가 없는 나를 위해 태워다 주시기까지 했다.

버니 그래스만도 그레고리 교수의 소개로 만났다. 그는 일본 조동종 마에즈미 선사의 제자이며 미국불교를 대표하는 1세대 지도자 중 한 사람이다. 그의 선원이 노샘프턴에서 멀지 않은 몬테규에 있어 나는 그레고리 교수 부부와 함께 종종 그곳에서 열리는 행사에 참여했다.

2009년 1월 그곳에서 버니 그래스만의 70번째 생일을 축하하고 그의 수행 50년을 회고하는 모임이 열렸다. 미국불교사의 첫 장을 열었던 인물 중 한 사람의 회고이기 때문에 미국불교의 역사와 현주소를 알고자 하는 나로서는 더없이 소중한 기회였다.

이 행사는 미국불교의 첫 번째 세대로부터 두 번째 세대로의 계승을 기념하는 성격도 가지고 있었다. 2008년 말, 버니는 제자 중 한 사람을 후계자로 정하고 자신이 창립한 선원의 운영 일선에서 물러났다. 그는 아직도 정신적 지주로서 여러 가지 일에 관여하고 있지만 실질적인 권한은 젊은 세대에게 인계했다.

일본 선사의 제자인 버니 그래스만이 일본식으로 아들에게 선원을 물러 주지 않고 제자 중 한 사람을 후계자로 정한 것은 미국인들이 그들의 방식대로 민주적이며 합리적인 체제를, 아니 본래부터 아시아에서 존재했던 전통적인 승가체제로 회귀하는 징표라는 점에서 흥미로웠다.

사흘 동안 버니 그래스만은 불교에 입문하게 된 동기와 마에즈미 선사로부터 받은 지도와 수행, 그리고 그가 시도한 새로운 형태의 불교

2009년 1월, 버니 그래스만의 70번째 생일을 축하하고 그의 수행 50년을 회고하는 모임에서의 모습

에 대해 회고했는데, 오전에는 지정 토론자의 질문을 통해 이야기를 풀어 나갔고 오후에는 참석자들로부터 질문을 받고 대답하는 방식으로 진행되었다.

 허심탄회하게 자기의 삶을 — 물론 그의 이야기는 널리 알려져 있지만 — 대중들 앞에서 털어놓는 것은 미국에서나 가능한 일이 아닐까 싶다. 그는 법당에 들어올 때면 피에로의 붉은 플라스틱 코를 달고 왔다. 그는 그런 사람이었다. 권위적인 것을 싫어해서 모든 사람들이 선망하는 '로쉬'라는 칭호를 가지고 있음에도 불구하고 자신을 그냥 '버니'라고 불러달라고 했다.

 우리는 그렇게 자유롭고 편안한 분위기에서 사흘 동안 유년으로부터 오늘날에 이르기까지의 그의 이야기를 들었다.

 첫날, 그는 어머니를 일찍 잃은 유년의 기억에서 시작해 그가 자라난 뉴욕 브루클린의 자유로운 분위기와 그의 가족을 둘러싼 유대 사회주의에 대해 들려주었다. 그때, 나는 비로소 형식을 싫어하는 그의 성향과 그가 나중에 뉴욕에서 베이커리를 운영하며 걸인들에게 무료로 식사와 잠자리를 제공했던 배경을 이해할 수 있었다.

 대학을 마친 후 그는 캘리포니아로 옮겨 맥더널 더글라스사의 항공엔지니어로 일하면서 UCLA에서 응용수학 박사학위를 취득했다. 거기서 처음 선불교를 만나게 되었는데, 그 첫 만남에 대해 그는,

 "선불교가 나를 정화시켰다."

라고 표현했다. 그것이 계기가 되어 당시 LA에 와 있던 마에즈미 선사를 만나게 되었으며, 항공엔지니어로서의 유망한 장래를 포기하고 전

> 놀라운 말이었다. 재가불교 종단을 창립한 사람의 입에서
> 가정생활과 수행을 양립하기 어려웠다는 말이 나오다니!

업수행자의 삶에 투신하게 된다. 그는 스승과 함께 로스엔젤레스 선 센터를 창립하고 스승의 지도 아래 수행에 전념한다. 그러나 당시 이미 가정을 가지고 있었던 버니는 가정생활과 수행을 양립시키기 어려웠다고 토로했다.

놀라운 말이었다. 재가불교 종단을 창립한 사람의 입에서 가정생활과 수행을 양립하기 어려웠다는 말이 나오다니! 다른 참가자들도 비슷한 문제를 느꼈던 모양인지, 점심 식사 후 이어진 질의응답 시간에 모든 참석자의 질문이 이 문제에 집중되었다.

현재 콜로라도 볼더에서 선 센터를 운영하고 있으며 로스앤젤레스 선 센터에서 마에즈미 선사의 지도를 함께 받았고 버니 그래스만의 전법제자 중 한 사람인 시쎈이 첫 질문을 했다. 가정생활을 병행하더라도 일정 기간 집중적인 수행 기간이 필요하지 않느냐는 질문이었다. 버니는 시쎈의 지적에 공감했다.

이어서 내가 질문을 했다. 그럼에도 불구하고 그가 가정생활을 지속했던 이유가 무엇이며, 그것이 미국과 아시아의 문화적 차이 때문인지 또는 수행에 대한 상이한 태도 때문인지 물었고, 덧붙여 장차 미국

버니에게 질문을 하는 청중들

에서 출가승단이 조직될 가능성이 있는지 물어보았다.

버니의 대답은 간단했다. 롤 모델이 없었다는 것이다. 그의 스승 마에즈미 선사가 대처승이었기 때문에 출가를 생각해보지 못했다고 대답했다. 그는 또한 출가와 재가는 어떤 것이 더 우수하냐는 문제가 아니라 모든 방법이 다 길이 될 수 있고 어떻게 방편을 활용하는가가 더 중요하다고 대답했다. 그렇지만 그는 숭산 스님도 미국에서 비구 승단을 세우지 못했던 사실을 상기시키면서 은연 중 재가승단이 미국에 적합한 형식이 아니겠느냐는 의견을 드러내 보였다.

이어서 청중석에 있던 노부인이 수행과 가정생활을 공존시키는 데 오는 어려움을 하소연했다. 남편이 자신의 선 수행에 호의적이고 여러 가지 지원을 하고 있지만, 자신의 정신세계를 남편과 공유하지 못하는 데서 오는 어려움을 극복하기 어렵다고 했다.

이 노부인의 고충은 버니의 어려움과 성격이 좀 달랐다. 버니의 고충은 생계유지를 위해 생업에 종사해야 하고 아이들의 등교를 도와야 하는 등 가정생활 때문에 수행에 전적으로 시간을 할애하지 못하는 현실적인 문제였다면, 노부인의 문제는 정신적인 것이었다.

독일에서 온 또 다른 여성은 참선 수행 못지않게 어머니로서의 자신의 역할이 중요하다면서 양자를 조화시킬 수 있는 모델을 제시해 주기를 부탁했다. 서양에서도 여성이 수행을 하는 것은 남성보다 더 어려운 것 같아 보였다. 마기 역시 나에게 몇 차례 비슷한 문제를 이야기한 적이 있었다. LA에서 함께 수행하던 시절, 결혼 전에는 자신의 수행을 지도해 주던 마에즈미 선사가 결혼 후에는 항상 남편에 대해서만 묻고 자신의 수행에 대해서는 전혀 관심을 가져주지 않았던 이유를 지금도 이해하지 못하겠다고 했다.

그날 마기와 나, 그리고 시쎈은 함께 차를 타고 돌아오면서 이야기를 계속 이어 나갔다. 다음 날 아침 몬테규 선원에 가기 위해 그레고리 교수 댁에 들렀을 때, 그레고리 교수도 우리의 대화에 관심을 보였다. 그날 그들은 밤을 새워 토론했다. 내 생각과는 좀 달랐지만 그들이 도달한 결론은 출가와 재가의 차이는 '절에 상주하느냐 아니냐'에 있다는 것이었다.

대승불교는 재가불자의 이상형으로 『유마경』의 유마힐 거사를 제시했으며 중국 당송대에는 재가자 중에서 선맥을 이은 방온, 배휴, 장상영 같은 인물이 배출된다. 그럼에도 불구하고 중국과 한국은 승단이 존속하며 특수한 지위를 유지했다. 과연 그것이 전근대 동아시아와 포스트모던시대의 미국 사이에 놓인 차이일까, 아니면 불교의 성숙과 미성숙에서 비롯된 것일까?

버니의 대답처럼 출가의 여부가 수행의 깊이를 보장하지 않는다. 재가지도자로서 그들이 얼마나 열심히 수행하는지 지켜보았으며 한국에서도 신심이 돈독한 불자들을 많이 만나 보았다. 성철 스님과 같이 출가 전에 깨달음을 얻은 이도 가끔 만날 수 있다. 그런데 그들이 더 깊이 불법에 귀의할 때 출가수행자의 길을 걷는 것은 어떤 필연성이 있기 때문이 아닐까?

적어도 한 가지 확인할 수 있는 점은 출가승단의 존재가 지금까지 법의 전수에 없어서는 안 될 역할을 했다는 사실이다. 법을 전하기 위해 실크로드를 건너온 서역의 수많은 스님들과 서역 어딘가로 법을 찾아 떠났던 구법승들, 그리고 지리산 어느 골짜기에서 또는 해인사 장경각 한 모퉁이에서 이름 없이 살다간 스님들이 아니었다면 어떻게 불법이 지금까지 전해질 수 있었으랴! 교통과 정보기술이 발달한 오늘날에도 살아 있는 전통으로서 불법을 지키고 다음 세대로 전하는 것은 결국 불법에 신명을 바치는 자들이 아닐까?

마지막 날, 나는 마기의 차를 타고 돌아오면서 수행에는 재가와 출가의 차이가 없지만 만약 불법이 오래 전해지려면 출가승단이 필요할 것 같다고 조심스럽게 내 생각을 이야기했다. 마기도 나의 생각에 동의했다.

미국불교의 새로운 여러 특징들에 공감하면서도 아쉬운 대목은, 법을 위해, 깨달음을 위해 신명을 바치는 태도가 없다는 점이다. 그들은 현실적인 문제를 치유하는 수단으로서 불교의 효용을 주목하고 그것을 활용하려고 노력하지만 아시아인들이 가지고 있는 헌신적 태도는 찾아보기 어렵다.

  가정생활과 선 수행을 공존시키는 것은 그래스만의 첫 번째 결혼이 이혼으로 끝나게 된 사실이 보여 주듯이 쉽지만은 않은 것 같다. 뉴욕으로 돌아와 본격적으로 사회참여 활동을 행하던 시절, 그의 활발한 활동은 모두 두 번째 아내인 산드라 지슈 홈즈의 헌신적인 내조 덕분이라고 그들을 아는 사람들이 이구동성으로 말한다. 두 번째 아내가 심장마비로 돌연사한 후 지금까지 그는 세 번째 아내와 함께 몬테규 선원을 운영하고 있다. 그의 경험이 동일한 문제를 가지고 있는 2세대, 3세대 전업 불교지도자들에게 어떤 롤 모델이 될지, 그들이 만들어 가고 있는 새로운 불교가 과연 어떤 모습을 하게 될지 궁금하다.

미국에서 불교지도자가 되는 방법?

2008년 겨울, 나는 안라꾸Anraku로부터 덴보전법dharma transmission을 받는다는 메일을 받았다. 덴보를 받으면 센세이가 된다. 안라꾸의 스승인 엔쿄 오하라가 버니 그래스만에게서 덴보를 받은 전법제자이므로 미국에도 벌써 삼세대 불교지도자가 배출된 것이다.

그런데 다른 미국 불교지도자들과 달리 안라꾸는 독신이고 삭발까지 하고 있었기 때문에 나는 그가 오래전부터 지도자로서 인정받은 줄 알고 있었다. 메일을 받은 뒤 나는 미국 불교지도자들의 위계에 대해 더욱더 궁금해졌지만 여러 가지 사정 때문에 뉴욕에서 열린 그의 전법식에는 참여하지 못했다.

버니 그래스만은 스승과 함께 창립한 마에즈미 인스티튜트를 일본 조동종으로부터 분리시켜 독립적으로 운영하고 있으며 여러 가지 새로운 형식의 법회를 창안했다. 그러나 아직까지도 많은 형식은 일본 조동종의 형식을 답습하고 있다. 불상과 장엄구, 북, 종뿐만 아니라 염불도 일본식으로 하고 있다.

독자적인 불교단체라고 주장하면서도 이처럼 일본의 옛 형식을 고수하는 것은 그다지 놀랍지 않았다. 중국에서 사라진 선불교의 원형이 한국이나 일본에 남아 있는 것처럼 시대의 변화와 더불어 소멸된 중심 국가의 형식이 문화적 변방 국가에 보존되는 일이 종종 있기 때문이다. 변방 지역에서는 중심 국가에서 전해진 형식들을 그들의 권위와 정통성의 근거라고 믿기 때문에 중심 국가보다 더 원형에 집착하는 경향이 있다. 그래서 중심 국가에서 사라진 형식들이 이들 변방에 보존되는데, 그러한 일들이 21세기 미국에서도 일어나고 있다.

재미있게도 어느 나라에서 불교를 전수받느냐에 따라 법명이나 호칭도 다르다. 숭산 스님 문하에서 배운 관음선종 불자들은 지금도 한국식의 법명과 '스님'과 '지도법사님'이라는 호칭을 사용하는 반면, 일본계 선 센터에서는 '젠끼', '지코', '안라꾸'와 같은 일본식 법명과 '센세이선생', '로쉬노스님' 등의 일본식 호칭을 사용하고 있다.

그런데 나에게 놀라웠던 것은 출가 승려의 특권을 인정하지 않는 미국불교에도 아시아 승가와 동일한 위계가 존재한다는 점이었다. 출가 승려가 없는 미국에서 불교지도자가 되려면 스승의 전법이나 인가를 받아야 한다. 전법을 받으면 '센세이'가 되고 그 후 스승의 인가를 받아 비로소 '로쉬'가 된다. 한국과는 달리 '전법'과 '인가'를 구분하고 있었다.

그런데 안라꾸는 '센세이'가 되기 전부터 불교지도자로서 활동하고 있었다. 그의 위치는 참 독특했다. 그 기준이 무엇인지 궁금하던 중 마침 버니의 회고 주간에 마기와 함께 산책을 하면서 물어보았지만 만족스러운 대답을 얻을 수 없었다.

그날 오후, 버니의 회고가 진행되는 도중, 나는 마에즈미 인스티튜트에서 누가 '센세이'나 '로쉬' 칭호를 수여하는지, 어떤 기준을 충족해야 그 칭호를 받게 되는지에 대해 그에게 직접 물어보았다. 버니의 대답은 자신이 판단해서 지도자가 될 만하다고 생각되면 법을 전수한다는 것이었다.

동아시아에서도 인가는 스승의 주관적인 판단에 따라 이루어지지만, 이때 제자의 '깨달음'은 스승의 인가를 받기 위한 가장 중요한 요건이다. 스승은 법거량을 통해 제자의 수행 정도, 다시 말해 깨달음을 이루었는지 여부를 확인한다. 깨달음을 얻었다고 인정되면 비로소 스승의 인가를 받아 개당을 하게 된다.

그런데 출가승단이 없는 미국에서는 아시아에서 수입된 '전법'과 '인가' 제도가 수행에 대한 점검이 아니라 지도자가 되는 절차로 변용되고 있다. 스승의 인가를 받은 '로쉬'들은 미국 불교의 최고 권위자로서 아시아로부터 전해진 선의 계보를 잇는 후계자로 간주되는 동시에 아시아의 스승들이 그런 것처럼 자신의 후계자, 다시 말해 불교지도자를 지정하는 권한을 갖게 된다.

"서천 28조 동토 6조"의 선종 전법사승 제도가 신세계에 이식되어 석가모니 부처님으로부터 혜능에게 이어진 법맥이 일본을 거쳐 미국인

제자에게까지 전수되었다는 믿음이 있었다. 계보 의식은 아시아에만 있는 것이 아니었다.

  종단 내에서 계보를 잇고 위계질서를 세우는 것은 동서양이 다르지 않지만, 미국불교에서 아시아로부터 전승된 계보는 두 가지 의미에서 중요하다. 첫째, 그들이 정통 선을 배운 후계자라는 사실을 증명하기 위해 아시아 불교와의 연속성이 강조된다. 둘째, 출가 승려가 없는 미국 재가불교단체에서도 지도자가 필요하고 그들의 자격을 인정하는 장치가 필요하다. 하지만 모두가 재가자이고 특별히 이수해야 할 이력이 없기 때문에 아시아에서 전해진 전법과 인가 제도가 이러한 자격 부여의 절차로 활용되고 있다.

  출가승단이 존재하는 아시아에서 불교지도자는 당연히 출가 승려이다. 권위 있는 스승의 인가가 중요하지만 그것은 수행의 정도를 판단하는 수단일 뿐이다. 또한 제자들의 수행을 점검할 수 있는 스승이 존재하고, 그런 스승이 없더라도 승가공동체에서 생활하는 가운데 각 개인의 수행에 대한 점검이 이루어지기 때문에 승려들의 자격이나 수행 정도에 대한 공동체 구성원의 평가가 가능하다. 그런데 미국에서는 스승이나 공동체의 검증이 부재하기 때문에 '누가 그 자격을 심사하고 그 권위를 인정하는가'라는 문제가 생긴다.

  그 과정에서 아시아의 출가승단보다 훨씬 복잡한 상황이 발생하고 있었다. 수행 능력에 대한 엄격한 검증이나 일정 기간의 수행 과정 없이 스승의 개인적인 판단에 따라 '센세이', '로쉬', 또는 '지도법사님'이란 칭호가 자격증처럼 수여되었기 때문에 미국에서 법의 전수는 요가 강사 인증 정도의 수준으로 이루어졌다. 게다가 그 과정이 전적으로 스승과 제자의 개인적인 관계에 맡겨져 있기 때문에 아시아 불교에서보다 더 큰 문제가 발생할 여지가 있다.

나는 그들에게 한국에서 전법은 매우 엄격하게 이루어지고 있으며 제자가 깨달음을 얻지 못하면 인가를 하지 않기 때문에 때로 전법제자를 두지 않은 선사도 있다는 사실을 소개했다.

나는 후에 제이미 허바드 교수로부터 전법과 인가에 얽힌 다른 이야기를 듣게 되었다. 근본적인 문제는 불교가 미국으로 건너오기 전부터 있었다. 일본의 전법제도에 문제가 있었던 것이다. 공안의 해답이 있는 데다가 해답을 돈으로 사고파는 일마저 생겼다. 조동종 계통은 이마저 없이 부자승계가 이루어졌다. 인가는 법을 전하는 것이 아니라 사찰의 소유권이나 승려의 권위를 전하는 것으로 변질되어 있었다.

더 큰 문제는 '로쉬'라는 칭호가 일본 승려들의 미국 내 활동을 위해 남발된 것이다. 미국에 건너온 일본 승려들은 모두 '로쉬'라는 타이틀을 가지고 있었다. 그들 대부분은 깨달음을 얻은 고승이 아니었다. 이렇게 해서 깨달음과 수행의 정도를 나타내는 칭호가 미국 포교를 위한 편의적 방편으로 전락해 버렸다.

일본 승려들을 깨달은 선사로 숭배했던 미국인들은 선 센터에서 섹스 스캔들과 횡령 등 문제가 발생하자 로쉬들의 비도덕적 행위에 충격을 받았다. 어떻게 깨달은 스승인 로쉬가 비도덕적 행위를 할 수 있느냐, 그렇다면 선에도 문제가 있는 것이 아니냐는 거센 비판이 일어났다. 처음에는 불교 전파에 효과가 있었지만 지금 시점에서 바라볼 때

오히려 선의 퇴조에 일조한 것이 되었다.

종교는 과학적 증명이나 객관적 방법을 통한 전수가 불가능한 것이기 때문에 종교적 삶을 살아가는 데에는 권위 있는 지도자의 도움이 필요하다. 따라서 종교집단에서 권위는 아무리 없애려고 해도 없어지지 않는다. 미국의 자칭 민주적인 불교 공동체에서도 종교적 권위를 재생산하는 시스템을 없애지 못한 것은 바로 그때문이다.

또한 재미있게도 미국에서는 아직까지도 미국인 불교지도자보다 아시아에서 온 승려들이 더 존경을 받고 수행의 진정성을 인정받고 있다. 이국적인 승려가 풍기는 종교적인 아우라 때문이다. 미국이든 한국이든 우리 모두에게는 종교에 대해 어떤 권위와 신비를 기대하는 보수적인 성향이 있는 것 같다.

How old is the Buddha?

미국에서 지내는 동안 두 번의 초파일을 맞이했다. 타국에서 혼자 맞이하는 초파일을 어떻게 보내는지 걱정하는 메일이 여러 통 왔지만, 정작 나는 여러 가지 일로 바빠서 적적할 틈이 없었다. 다른 사람들이 모두 명절을 즐기는데 나만 홀로 있다면 울적하겠지만, 미국에서 부처님오신날은 공휴일도 아니고 일반인들은 알지도 못하기 때문에 그저 혼자서 그날을 되새기고 은사 스님께 문안 전화를 드리는 것으로 만족했다.

그렇다고 부처님오신날을 축하하는 행사가 없는 것은 아니다. 물론 거리마다 사찰마다 오색 연등을 달고 축제 분위기를 내지는 않지만 아시아 이민 공동체에서는 그들의 전통에 따라 부처님오신날을 경축

서부 매사추세츠에 있는 캄보디아 절

한다. 전 세계 인종이 모여 살다 보니 '부처님오신날'도 제각각이어서 한국절은 한국식으로, 일본 절은 일본식으로, 남방불교는 남방불교식으로 경축한다.

신도들의 편의를 위해 행사는 토요일이나 일요일에 치러지며 대체로 4월 초부터 5월 중순까지 이어진다. 마음만 먹으면 경축 행사에 모두 참여할 수도 있다. 2009년에는 조지 워싱턴 대학의 강연과 겹쳐 기회를 놓쳤지만, 2008년엔 스미스 칼리지 학생들과 함께 현장학습으로 인근의 캄보디아 절과 평화의 탑Peace Pagoda을 참배했고 피터 그레고리 교수님과 함께 초대를 받아 뉴욕주에 있는 불광사도 다녀왔다.

캄보디아 사원에서는 재미있는 일이 있었다. 법당에 들어가 부처님께 참배를 하고 준비해 간 과일을 올렸다. 나중에 보니 공양물은 부처

님이 아니라 스님들께 드리는 것이었다. 여성 신도 한 분이 나를 비구 스님들이 공양 중인 단상으로 안내했다. 캄보디아에는 비구니 스님이 없지만 내가 구족계를 받은 스님이라는 사실을 알고 다른 스님들과 똑같이 대접해 주었다.

신도들이 나를 위해 서둘러 음식을 내오고 옆에 있던 비구 스님도 물이며 떡 등을 권했다. 그런데 문제는 신도들이 준비해 온 음식에 섞여 있는 고기였다. 남방불교의 계율을 따르면 신도가 공양한 음식은 모두 받아먹어야 하고 대승계율을 따르면 육식을 해서는 안 된다. 난처한 상황이었다. 신도들이나 다른 스님들에게 결례가 되지 않도록 조심하면서 밥과 야채, 떡을 골라먹었다.

하지만 야채에 배어든 생선 비린내는 견디기 힘들었다. 음식을 한 입 먹을 때마다 잠깐 호흡을 멈추고 먹었다. 킬링필드를 피해 난민으

> 스님들의 공양이 끝나자 단상 위에 있던 음식을 내려
> 신도들이 먹기 시작했다. 그제야 스미스 칼리지 학생들과
> 허바드 교수도 공양을 시작했다.

로 미국에 정착한 이들이 식당 종업원이나 호텔 청소부 등 막일을 하며 어렵게 모은 돈으로 마련한, 그 어떤 공양보다 정성스럽고 값진 공양을 먹으면서 나의 수행이 아직도 코와 입에 달려 있는 것에 부끄러움을 느꼈다.

스님들의 공양이 끝나자 단상 위에 있던 음식을 내려 신도들이 먹기 시작했다. 그제야 스미스 칼리지 학생들과 허바드 교수도 공양을 시작했다. 그들 곁으로 다가가자 몇몇 학생들이 나를 보고 엄지손가락을 치켜들었다. 함께 수업을 듣던 스님이 특별 대접을 받는 것이 신기했던 모양이다. 불교와 이국 문화에 대한 그들의 호기심 덕에 나 역시 현장학습의 대상이 되어 버렸다.

허바드 교수가 기다렸다는 듯이 학생들에게 남방불교 계율과 대승불교 계율의 차이를 설명하면서 짓궂게도 나의 선택이 무엇이었는지

민속춤을 추는 캄보디아 어린이들

물었다. 난 이렇게 답했다.

"신도들이 공양한 그 많은 음식을 어떻게 다 먹을 수 있겠어요? 그래서 야채를 골라먹었지요."

공양을 마치고 나오니 마당 한쪽에 세워진 간이 무대에서 캄보디아 어린이들이 전통 의상을 입고 민속춤을 추고 있었다. 아이들에게 캄보디아인임을 잊지 않게 하려는 부모들의 간절한 바람을 알 수 있었다. 아이들의 재롱이 귀여웠지만 고향으로 돌아갈 수 없는 자들의 비애가 느껴져 가슴 아팠다.

불교의 미국으로의 전래는 대체로 두 가지 경로로 이루어졌다. 하나는 일본을 통해, 다른 하나는 아시아계 이민이나 난민을 통해. 첫 번째 형태를 개종불교라고 한다. 대부분 대학 교육을 받은 백인 중산층이 중심이 된 불교로서 무엇보다 명상에 관심을 갖는데, 현재 일본 선사를 이어 미국인 법사 1, 2세대들이 지도하고 있다. 두 번째 형태를 에스닉불교라고 부르는데, 내가 방문한 캄보디아 절이나 한국절이 이에 해당한다. 그 밖에 최근 흑인과 히스패닉계를 중심으로 확산되고 있는 일본 창가학회와 같은 신흥불교가 있다. 그들은 명상보다 '나모 호랑겟교' 염불을 하는 등 구복적인 성격이 강하다.

불교가 미국에서 환영받고 있지만 정작 불교를 미국으로 보낸 것은 아이러니하게도 아시아의 정치적, 경제적 곤궁이었다. 몇 해 전에 입적한 캄보디아절의 마하 고사난다 스님이나 록 스타에 버금가는 인기를 누리고 있는 달라이라마와 틱낫한 스님이 세계적인 종교 지도자로 부상하는 데에는 그들 조국의 비극적인 상황이 크게 일조했다.

이민 사회나 난민 공동체에서 사찰은 타향에서 느끼는 외로움을 달래고 정체성을 확인하는 공간인 동시에 처음 이민 온 사람들에게 미국 생활에 필요한 여러 가지 정보를 제공해 주고 일자리를 알선해 주는 창구이다. 아울러 이민 2세대들에게 모국어와 문화 교육까지 담당하는 등 다양한 역할을 하고 있다.

그러나 급속도로 미국 사회에 동화되는 이민 2세대들에게 장차 사찰이 부모 세대와 같은 의미를 지니게 될지 알 수 없다. 종교학회에서 만난 대만 비구니 스님도 최근 차이나타운 사찰에도 젊은이 수가 줄어든다고 걱정했다. 캄보디아 절에도 미국에서 태어나 출가한 스님은 없었다. 그것은 곧 재정적이든 인적이든 공동체로부터의 지원이 줄어든다는 의미이고 필연적으로 공동체에서 사찰의 기능을 약화시킬 것이다.

한국절의 상황은 여러 가지 면에서 독특하다. 미국인에게 내가 한국에서 왔다고 소개하면 돌아오는 반응은 꼭 둘 중 하나였다. 숭산 스님을 안다고 반가워하는 사람과 '한국에도 불교가 있냐'고 반문하는 사람. 대부분의 미국 젊은이들은 한국을 기독교 국가로 알고 있었다. 그들이 아는 한국인들이, 코리언 아메리칸이든 유학생이든, 모두 기독교인이기 때문이다. 내가 한국불교의 역사가 일본보다 오래되고 현재 인구의 20% 이상이 불자라고 알려 주면 깜짝 놀란다. 한편, 중년 이상의 백인 불자들 중에는 젊은 시절 한번쯤 숭산 스님 수행처를 기웃거렸던 사람이 의외로 많다.

극단적으로 다른 이 두 가지 반응은 미국에서 한국불교가 처한 상황을 잘 말해 준다. 다른 에스닉불교가 이민 사회에 국한된 것과 달리 한국불교는 일본 선불교와 마찬가지로 백인 중산층을 상대로 포교했는데, 그 장본인이 숭산 스님이다. 안타깝게도 숭산 스님의 가르침을 받았던 사람 중 지금까지 관음선종과 관계를 유지하는 경우가 많지 않았다. 일본계의 선불교가 미국인 제자들에게 전수되어 계속 확장되는 데 비해 숭산 스님의 제자들은 과거의 교세조차 유지하지 못하는 것 같았다. 이것이 세계 속 한국불교의 현주소이다. 한국불교는 백인 주류 사회에서도 한인 사회에서도 소수 그룹에 지나지 않는다.

그 밖의 한국사찰에서도 가끔 미국인을 상대로 포교를 하고 있으나 대부분은 한인 중심으로 운영되는 형편이다. 그런데 그조차 만만치가 않다. 미국에서 한국절에 다니는 사람은 한국에서도 불교를 믿던 사람이지 이민 와서 새로 불교를 믿게 된 경우는 거의 없다. 아니,

불교를 믿던 사람조차 미국 생활의 필요 때문에 교회에 나간다. 그만큼 교회는 정보와 재정, 연대 의식으로 한인 사회에서 공고한 위치를 차지하고 있어서 처음 이민 온 사람이 교회에 나가지 않고 버티기란 여간 어렵지 않다. 아무튼 이 상황은 한국불교가 한인들을 포교하기도 벅찬 현실을 말해 준다.

뉴저지에서 만난 대학 동기도 학창 시절에는 따로 종교가 없었는데 이민을 와서 열렬한 기독교인이 되어 있었다.

워싱턴에서 만난 대학 후배는 한국인을 만나면 항상 듣는 말이 '왜 교회를 다니지 않느냐?'라면서 진저리를 쳤다. 또 다른 후배는 그 지역에서 기독교를 믿지 않는 사람은 자기 가족뿐이라고 하면서, 주변에서 늘 듣는 질문이 '교회에 다니느냐?'가 아니라 '어느 교회에 다니느냐?'라면서 개탄했다. 그들은 이민 사회에서 매우 예외적인 존재들이다. 교회를 나가지 않으면 안 되는 이런 분위기에서 '버티고 있는' 것은 워낙 자신들의 신념이 확고하기 때문이지만 자녀들의 경우에는 그렇지 않다.

한국불교는 미국에서 미국적 환경에 적응하는 동시에 한인 교회를 상대로 다윗과 골리앗의 싸움을 해야 하는데, 상황은 한국보다 심각하다. 이민 2세들의 문제는 더 심각해서, 학교생활에 적응하기 위해 자의로든 타의로든 교회에 나가는 경우가 많았고 부모가 불자인데도 자식이 교회에 다니는 경우도 종종 있었다.

미국 주류 사회에서 불교가 새로운 종교로 환영받는 것과 정반대로 한인 사회에서 불교는 구태의연한 종교로 취급받는다. 그도 그럴 것이 미국은 가족 단위로 움직이는데, 일요일에 절에 가면 아이들을 위한 공간이 없다. 그러니 아이들에게 불교가 따분하고 재미없는 것도 당연하다. 미국에서의 한국불교의 장래는 젊은 한인들의 포교에 달려있다고 해도 과언이 아니다.

다른 한편으로 이민 사회가 성장하면서 한국절의 수효와 규모가 커지고 미국에서 활동하는 젊은 한국 불교학자와 스님들이 늘고 있어 고무적이지만, 어떻게 그 변화를 주도할지에 관한 성찰이 필요하다.

뉴욕 불광사의 부처님오신날 행사는 캄보디아 절보다 훨씬 풍성했다. 그렇지만 그곳에서도 고향을 떠나온 사람들의 애틋한 마음을 느낄 수 있었다. 초파일은 부처님오신날이기도 하지만 어린이, 어른, 노인, 갓 이민 온 사람, 이민 온 지 한참 되는 사람, 불법 체류자, 기러기 가족 등등 온갖 사연을 가진 사람들이 자신이 한국인임을 확인하는 날이기도 하다.

특히 내 관심을 끌었던 것은 어머니 합창단의 공연이었다. 아이들이야 어떤 어려움을 겪든 장차 미국 사회에 동화되겠지만, 이민 1세대들에게 미국은 여전히 남의 나라일 수밖에 없다. 어머니들에게 절은 자식들을 위해 희생한 그들의 사회적 자아를 발현하는 유일한 공간이다. 그토록 열심히 노래 부르는 그들의 모습이 오히려 안타깝게 느껴졌던 것은 나의 지나친 노파심이었을까?

2008년 부처님오신날은 미국 어머니날과 겹쳤다. 피터 그레고리 교수님은 그날 간단한 축사를 했다.

"부처님께서 어머니를 통해 이 세상에 오셨듯이 세상의 모든 자식들도 어머니를 통해 세상에 왔습니다. 그런데 부처님은 몇 살일까요? 우리 모두 본래 부처니까, 열 살 먹은 꼬마에게 부처님은 열 살이고 스무 살 청년에게 부처님은 스무 살이며 칠순 노인의 부처님은 칠순이지요. 그러니까 여기 모이신 모든 어머니들은 부처님들의 어머니입니다."

벽안의 학자는 한국절에서 깊은 감동을 받았고 어머니들에게 큰 위로를 전해 주었다.

미국의 부처님오신날 행사는 아직까지 아시아 이민 공동체의 민속 행사일 뿐 보편성을 얻지 못하고 있다. 그해 4월 8일에 노샘프턴 메인스트리트 선 센터에서 열린 초파일 행사는 참석자가 이십 명도 안 되는 조촐한 모임이었지만 뜻깊었다. 늘 듣는 이야기였지만 미국인 법사가 부처님 탄생 설화를 말해 주며 우리 속에 있는 아기부처를 돌아보자고 했을 때 참석한 미국인들 모두 깊이 공명했다. 그들의 목소리로 그들의 삶에 녹아든 법문이 아니었다면 부처님오신날은 그저 이국적 행사에 불과할 뿐 그 의미를 새기지 못했을 것이다.

부처님의 법은 살아있는 체험으로써만 전해질 수 있다. 그래서 승보가 여러 가지 한계에도 불구하고 삼보의 하나인 것이다. 불교의 오랜 역사가 보여 주듯이 철저하게 자기화 될 때에만 자신의 전통이 될 수 있다. 그렇다. 그렇다면 미국의 부처님은 몇 살인가?

한인 교회, 한인 사찰

한국불교에서 가장 취약한 부분은 초등학생부터 대학생까지의 청소년 포교이다. 해외 포교에서도 사정은 마찬가지이다. 한인 1세대를 위한 포교에서도 기독교에 비해 절대적 열세에 있기 때문에 한인 2세와 1.5세까지 감당하기는 더욱 힘겹다. 그런데 이렇게 방치한 결과는 매우 심각하다. 교포 사회뿐 아니라 미국 사회에서도 '한인 2세들은 모두 교회에 나간다'는 것이 기정사실화되어 있다.

재외 한인 청년 포교에서 어려운 점은 역시 언어이다. 사찰에 오는 신도들이 대부분 이민 1세대이기 때문에 법회는 한국어로 진행된다. 의식도, 법문도 모두 한국어로 이루어진다. 영어가 능통한 사람들도 절에 와서 같은 한국인을 만나면 자연스럽게 한국어를 쓰고 한국 이야기도 하며 이국 생활의 어려움을 잠시나마 잊을 수 있다. 하지만 문제는 아이들이다.

최근에 사정이 많이 나아졌지만, 이민 오는 사람들 대부분은 미국 문화에 대한 동경을 가지고 있어 하루빨리 백인 주류사회에 편입하고자 한다. 그래서 자녀들에게 영어 공부만 시키고 한국어 교육에는 관심을 갖지 않는다. 때로 관심이 있더라도 생계 때문에 거의 24시간 밖에서 일하다 보면 아이들 교육을 챙길 틈이 없다. 또는 아이들 스스로 미국 문화에 동화되기 위해 자신들의 민족적 정체성을 거부하고 한국어를 배우지 않기도 한다.

그래서 부모를 따라 일요일마다 한국절에 오는 이민 2세들 중에는 한국어를 못하거나 겨우 몇 마디만 알아듣는 아이들이 상당수이다. 1.5세들도 처음에는 한국어를 사용하지만 곧 잊어버린다. 한인 사찰의 형편이 열악하다 보니 어른들을 위한 법회도 역부족이어서 아이들을 위한 영어 법회를 할 공간도, 스님도 없는 절이 많다. 그래서 아이들이 절에 와도 마당에서 빙빙 돌거나, 아니면 그 시간에 교회로 보내지게 된다. 그 순간부터 아이들의 종교는 기독교가 된다. 이렇게 해서 모든 한인 2세는 기독교인이라는 말이 생겨나게 되었다.

최근 통계는 이런 사정을 그대로 보여 준다. 현재 미국 출생 한인 2세는 전체 재미 한인들의 35%가 넘으며 30세 이상이 그중 8%를 차지한다. 2005년 기준 뉴욕시의 한인 1.5세와 2세 중 기독교인이 65%이며 그 가운데 74%가 자신의 일차적인 정체성으로 '한인'이 아닌 '기독교인'을 꼽고 있다. 이들이 곧 이민 사회의 중심이 될 것이다. 사태를 이대로 방관하고 있다간 미국에서 한국불교는 점점 더 설 공간을 잃게 될 것이다.

그런데 1990년대 초반부터 한인 교회에는 심각한 변화가 일어나고 있다. 다름 아니라 젊은이들이 썰물처럼 교회를 떠나고 있는 것이다. 일부 한인 교회에 국한된 이야기가 아니라 학계에서 '소리 없는 탈출 Silent Exodus'이라고 명명할 정도로 보편적인 현상이다. 한 통계에 따르면 한인 2세들은 고등학교 졸업을 전후로 70%, 대학을 졸업하고 사회에 진출하면서 90%가 한인 교회를 떠난다고 한다.

이 변화는 미국에서 자라고 교육을 받아 미국적 사고방식을 가진 영어에 능통한 이민 1.5세와 2세의 등장과 관계있다. 이들의 등장과 더불어 지금까지 한인 교회의 장점이었던 사회적 기능이 더 이상 장점이 아니게 되었다. 영어가 서툰 한인 1세대들에게 한인 교회는 한국말로 한국에 대한 추억을 이야기하면서 타향에서 겪는 외로움과 상처를 치유하는 유일한 공간이었지만, 반대로 한국어가 서툰 한인 1.5세나 2세에게 한국어 설교는 지겹고 알아듣기 힘든 것이며, 한인 교회의 주류를 이루고 있는 이민 1세대를 위해 같은 한인 1세대 목사들이 행하는 한국만 옳다는 식의 한국 중심적인 설교는 한인 2세대들에게는 불편하기만 하다.

한인 교회가 제공해 주는 이민 생활에 필요한 여러 가지 생활 정보도 이들에겐 불필요하다. 교회가 아니어도 친구를 만날 수 있고 직장을 구할 수 있다. 이민 1세대에게 한인 교회는 신앙과 사회적 행복을 위한 절대적인 장소였지만 이민 2세대에게는 꼭 그렇지만도 않다.

노샘프턴 시내의 미국 교회

그런데 1990년대 초반부터 한인 교회에는 심각한 변화가 일어나고 있다. 다름 아니라 젊은이들이 썰물처럼 교회를 떠나고 있는 것이다.

더구나 기독교는 이들이 진입하기를 원하는 미국 주류 사회에서 인기 있는 종교가 아니기 때문에 그만큼 매력도 떨어진다.

그뿐만이 아니다. 아이들이 고학년이 되면 자녀 교육에 극성인 한인 부모들은 신앙심이 없다는 목사들의 비난에도 불구하고 아이들을 교회에 데리고 오지 않는다. 일류 대학에 진학하려면 일요일에도 공부해야 하니까. 시험 기간에 그들의 교회 출석률은 10~20%나 떨어진다. 그렇다고 돈 버느라 바쁜 부모들이 가정에서 아이들에게 신앙심을 길러줄 리도 없다. 애당초 그들은 신앙심보다 사회적 필요 때문에 교회에 다니는 것이기 때문이다.

그러다가 대학에 진학해 고향을 떠나게 되거나 대학 졸업 후 다른 지역에서 직장을 구하게 되면 이민 2세들은 자연스럽게 부모들이 다니는 교회에서 멀어지게 된다. 개중에는 가끔 그 지역에 있는 한인 교회에 나가는 사람도 있지만 밀접한 인간관계를 중심으로 결속되어 있는 소규모 한인 교회의 폐쇄적인 분위기 때문에 새로운 교회에 적응하기가 쉽지 않다. 미국 대학의 자유롭고 종교중립적인 분위기도 배타적이며 폐쇄적인 한인 교회에 대한 부정적 인식을 심화시킨다. 한인 교회의 이런 분위기가 싫어 미국 교회에 다니는 경우도 있지만, 그 경우 다른 미국인들처럼 일요일에만 교회에 나가는 '선데이 크리스천'이 대부분이다. 따라서 '조용한 탈출'은 계속되고 있다.

한국어를 할 줄 아는 2세들이 한인 교회를 떠나는 비율이 50%에 육박한다는 사실은 언어의 문제로만 설명되지 않는다. 한국어든 영어든 문제는 전달하는 메시지이다. 성경에 대한 보수적인 해석은 물론,

세상과 동떨어진 비합리적이고 비논리적인 설교는 합리적이고 다문화적 교육을 받은 한인 2세들에겐 오히려 거부감을 불러일으키고 있다.

한인 교회의 배타적이고 편협한 문화와 동질적인 인적 구성은 개방적이고 다양성을 존중하는 미국 교육을 받은 젊은이들에게 문화적인 이질감을 줄 뿐 아니라 다종교·다문화의 포용성을 추구하는 미국 문화의 흐름에도 역행한다. 점차 한인 사회의 주류로 성장하는 한인 2세들에게 민족적 정체성의 약화는 고국과의 관계뿐 아니라 부모 세대와의 단절, 소수인종으로서의 이중적 정체성에 대한 고민 등 여러 가지 문제를 낳고 있다.

어른들이 강요하는 '한국적인 것'은 이민 2세들에겐 편협하고 불합리한 것으로 비쳐질 수 있다. 한국적 사고만 옳고 한국 문화가 가장 뛰어나다고 주장하면서도 미국에서의 세속적이고 물질적 성공을 추구하는 부모 세대들이 위선적이라고 생각할 것이다. 반면, 상하 위계질서를 강요하지 않는 자유롭고 개방적인 미국 문화는 편안하고 매력적으로 다가온다. 학교와 사회에서 점점 더 미국적인 가치와 행동 방식에 익숙해지게 되면서 한인 2세들은 자신들이 겪는 고충이나 어려움을 이해하기보다 한국적 가치와 행동방식을 강요하는 부모나 어른들에 심한 단절을 느끼게 되고 심지어 한국인으로서의 정체성을 부인하기도 한다.

다행스럽게도 한국불교는 출발이 다르다. 불교에는 민족적 정체성과 종교적 정체성이 충돌할 일이 애당초 없다. 불교가 곧 한국적인 것이기 때문이다. 그러면서도 미국 사회의 다양성과 충돌하지 않는다.

조지 워싱턴 대학교 종교학과 건물

오히려 불교는 미국의 다종교, 다문화의 다양성을 구성하는 하나의 요소로서 가치를 갖는다.

한인 교회가 다른 인종에 대해 배타적으로 작용하는 것과 달리, 한국불교의 민족적 기반은 불교의 원류로서의 가치 뿐 아니라 백인 주류층과 흑인, 히스패닉계 등의 소수인종을 포섭할 수 있는 힘이다. 나아가 미국 사회에서 아시아인들이 불교를 통해 서로 소통하고 연대할 수 있다. 불교에는 그런 역량이 충분히 있다. 하지만 그것은 어디까지나 가능성으로서만 있는 것이다. 이 가능성을 어떻게 구체화하느냐가 우리들에게 남겨진 몫이다.

IABS 학회에서 만난 미국인 티베트 스님 안니 쿵가의 초청으로 2008년 가을과 2009년 두 차례 워싱턴에 있는 조지 워싱턴 대학에서 특강을 한 일이 있다. 첫 번째 강의는 예정에 없이 이루어졌다. 안니 쿵

조지 워싱턴 대학교

가가 담당하는 강의를 참관하다가 즉석에서 하게 된 강의였다. 30~40명의 학생이 수강하는 인기 강좌였다. 그중 동양 학생들도 더러 있었다. 강의를 마치고 나올 때 그들이 다가와 한국인이라고 소개했다. 수업 시간에 한국 스님을 만나게 되어 뜻밖이지만 자랑스러웠다는 그들의 이야기를 듣고 내가 더 흐뭇하고 고마웠다.

얼마 뒤 안니 쿵가로부터 메일을 받았다. 학생들의 반응이 매우 좋았다는 이야기와 수강생 중 한국 학생 한 명에게 한국불교에 대한 과제를 주었는데 도와줄 수 있겠느냐는 내용이었다. 기쁜 마음으로 승낙하고 몇 차례 그 학생과 메일을 주고받았다.

2009년 봄, 강연을 위해 조지 워싱턴 대학교를 다시 찾았을 때, 그 학생을 만났다. 과제에 대한 이야기부터 유학 생활의 어려움 등 여러 가지 이야기를 나눈 끝에 그에게 종교가 무엇인지 물어보았다. 예상했던

대로 가톨릭이었다. 한국에 있을 땐 불교에 대해 전혀 몰랐다가 미국에 와서 불교를 알게 되었다면서 연신 고맙다는 인사를 했다.

최근 서양에서 불교 열풍이 불고 있다고 하지만 안타깝게도 한국불교와 별 상관없는 이야기이다. 불교는 미국 대학에서 가장 인기 있는 강좌 중 하나이지만 한국불교를 가르치는 대학은 거의 없다. 미국 대학에서 한국불교는 중국불교와 일본불교의 틈바구니에 끼어 별로 주목받지 못하고 있다. 더구나 한인 사회에서도 존재감이 없으니 그들 앞에서 한국불교의 우수성을 말하기란 쉽지 않다.

오히려 그 학생의 경우처럼 서양인의 눈을 통해 한국불교를 발견하는 경우가 비일비재하다. 유학생이건 한인 2세건, 또는 국내에 있는 젊은이이건 이들을 불자로 만드는 데 한국불교의 미래가 달려 있다고 해도 과언이 아니다.

한국불교의 세계화를 말하는 사람들이 해외로 이주한 한인들을 가까이에 두고서도 아직까지 서양인에 대한 포교만 생각하고 있다. 해외 한인은 한국불교의 세계화를 위한 소중한 자원들이다. 대만에서 들었던 이야기가 두고두고 생각나는 것도 이 때문이다. 전 세계에 퍼진 화교들이 대만불교의 세계화를 가능케 한 배경이었듯이 해외에 있는 한인들은 한국 문화의 세계화를 위한 교두보이다. 그들을 포용하지 않는다면 글로벌 시대에 한국 경제의 발전조차 지속하기 어렵다.

그들을 돕고 그들의 능력을 활용하는 방안을 찾아보아야 한다. 한때 민족주의는 국가의 독립과 민족의 자결을 위한 소중한 가치였지만 이제 차이와 다양성을 인정하지 않는 편협한 민족주의는 악이 되었다.

한국에 사는 외국인들과 해외에 나간 한인들, 그리고 다시 한국으로 돌아온 한인들을 포용하는 새로운 민족주의가 필요한 시점이다. 나아가 다민족, 다문화 사회로 변화하는 한국 사회에 다양성과 관용을 확산시키기 위한 불교의 역할이 요청된다.

정지된 시간, 상상 속의 한국불교

한국을 떠나 타국에 정착한 사람들에게 고향은 어떤 의미를 갖고 있을까? 미국 한인 사회에서 시간은 정지된 것 같다. 한인의 고향은 상상의 고향일 뿐, 현실의 고향이 아니다. 서양에 사는 한인들에게 고향은 그들이 떠나온 시점에 고정되어 있다. 절에 오는 신도들 중 70년대 이민 온 사람들은 70년대 한국에서 하던 불교를 고집하고, 80년대 이민 온 사람들은 80년대 방식을, 2000년대에 온 사람들은 또 2000년대 방식을 주장한다. 그래서 신도들의 요구에 맞추는 것이 쉽지 않다.

베네딕트 앤더슨은 국가도 '상상의 공동체'라고 말하고 있지만, 해외 한인들에게 한국은 거주국과 한국 사이에 존재하는 상상의 공간이다. 그래서 실제 고향에 돌아가도 정작 그곳은 그들이 기억하는 곳이 아

한인 사찰에 온존하고 있는 전근대적인 관습이 한국불교를 전파하는 데 장애가 되고 있다.

닌 경우가 허다하다. 그것은 이민 1세 뿐 아니라 이민 2세에게 정체성의 혼동과 세대 간의 갈등을 유발하고 있다.

한인 사찰 역시 마찬가지 문제를 안고 있다. 한인 사찰에 온존하고 있는 전근대적인 관습이 한국불교를 전파하는 데 장애가 되고 있다. 법문은 이민자들이 바쁜 생활 속에서 부처님 말씀을 통해 자신의 삶을 반성하고 재충전할 수 있는 유일한 기회이기 때문에 기도나 명상보다 더 중요하다. 그러나 한인 사찰에서 이루어지는 법문은 한국에서 이루어지는 법문과 별 차이가 없었다.

우연히 들렀던 한인 사찰에서 법문을 들은 적이 있었다. 법문의 요지는 많이 소유할수록 번거로운 일이 많아지므로 무소유가 좋다는 것이었다. 앞마당이 넓은 큰 집을 장만하면 좋을 것 같지만 실제 큰 집이 생기면 잔디 깎을 일이 많아지고 귀찮은 일만 늘어나니까 작은 집이 더 좋다는 이야기였다. 맞는 말이다. 하지만 주변을 돌아보았더니 신도들의 얼굴에는 아무 표정이 없었다.

그날 법문은 신도들에게 감동을 주지 못했다. 물질적인 부와 안정을 꿈꾸며 먼 이국까지 온 한인들에게 '소욕지족'이라는 수행자적인 가치는 그들의 삶과 너무 동떨어진 이야기였던 것이다. 하루하루 고달픈 생존을 이어 가는 한인들에게 돈은 절박한 문제이다. 잔디 깎는 일이 힘들다면 돈을 더 많이 벌어 정원사를 두면 되지 그것이 귀찮다고 큰 집을 마다할 사람은 아무도 없다. 넓은 마당에 수영장 딸린 집은 모든 한인들의 꿈이다. 그것을 부정하면 그들의 이민 자체를 부정하는 꼴이 된다.

한인들의 고민이 무엇인지, 한인으로서의 자부심과 가치관을 잃지 않도록 하기 위해 불교가 할 일이 무엇인지 신도들의 삶에 한 발짝 더 다가간 법문이 필요하다. 그저 권위적이고 높은 위치에서 하는 타성에 젖은 법문은 대중에게 감동을 주지 못한다. 법문은 무엇보다 재미있고 유익해야 하는데, 감동은커녕 목사들의 설교보다 재미없는 법문을 듣기 위해 사찰에 올 젊은이는 많지 않을 것이다.

종교개혁 이후 기독교는 세속적 가치와 결합해 '부자가 천당에 가는 것은 낙타가 바늘구멍을 통과하는 것과 같다'는 성서의 가르침을 버리고 부자들을 위해 연옥을 만들기까지 했다. 루터나 칼빈의 해석을 통해 기독교는 자본주의적 가치와 결합했으며 이는 교회 성장의 기폭제가 되었다. 이 결합이 너무 지나친 나머지, 사회적인 성공이나 물질적 부를 쌓은 신도를 일으켜 세워 공공연히 칭찬하고 은연 중 헌금을 강요하는 등 물질주의가 팽배해져 문제가 되고 있다. 이는 특히나 한인 교회에서 한인 2세들이 교회를 떠나는 이유가 되고 있지만, 그렇다고 해서 현대적 가치를 부정하는 반물질주의가 대안이 될 수는 없다. 그것은 전근대로의 퇴행이며 그 배후에서는 오히려 물질주의와의 결탁이 이루어지고 있기 때문이다.

불교도 현대 사회에 맞게 재해석되어야 하며 법문은 신도들의 삶에 밀착되어야 한다. 물질주의를 극복하기 위해 소유를 부정하기보다 나눔의 정신을 강조하는 것이 더 좋지 않을까? 무엇보다 스님들의 타성에 젖은 사고방식과 법문, 그리고 법문 스타일을 바꾸지 않으면 안 된다.

또 한 가지 문제는 스님들의 권위주의이다. 스미스 칼리지에서 만난 한국 유학생의 말에 따르면, 대체로 한국 여자들은 미국 사회에 잘 적응하는 반면, 한국 남자들은 적응을 잘 못한다고 한다. 한국에서 여성들은 사회적으로 낮은 지위에 있었기 때문에 어디서든 적응할 수 있는 자생력을 갖춘 반면, 권위주의에 익숙한 한국 남성들은 낯선 문화에서 약자가 되어 버린 자신의 현실을 받아들이지 못하기 때문에 적응력이 떨어진다는 제법 날카로운 분석까지 덧붙인 그의 설명은 그럴 듯 했다. 그래서일까? 내가 미국 생활에 상당히 잘 적응했던 것은 그의 설명처럼 한국에서 약자였던 내 상황 덕분인지도 모르겠다.

아무튼 스님들의 경직되고 권위적인 태도는 미국 사회에 한국불교를 전파하는 일뿐 아니라 이민 2세들이 불교를 가까이하는 데에도 걸림돌이 되고 있다. 미국 사람들은 스승을 존경하긴 하지만 승가 전체에 대해 무조건적으로 권위를 인정하지는 않는다. 달라이라마가 미국에서 록 스타와 같은 인기를 누리는 것도 그의 격의 없는 태도와 솔직함, 그리고 유머 때문이다.

보통 미국 문화는 위아래도 없고 예의범절도 없다고 말하지만, 사실이 아니다. 오바마 대통령 취임 후 첫 기자회견을 텔레비전으로 지켜보다가 미국 문화의 새로운 면모를 발견하게 되었다. 대통령이 프레스룸에 나타나자 기자들이 모두 자리에서 일어나 정중하게 맞이하는 것이었다. 이처럼 미국 사람들은 탁월한 성취를 이룬 개인을 존경하고 그 권위를 기꺼이 인정한다. 다시 말하면 권위는 인정하지만 권위주의는 부정한다.

사찰에서 여성 불자의 역할에 대해서도 전향적인 태도가 필요하다. 한인 사찰에 나오는 신도의 대다수는 여성이다. 그들은 음식을 장만하고 설거지를 하거나 청소를 하는 등 온갖 허드렛일을 담당하는 반면, 승속을 막론하고 대부분의 한국 남성들은 여성들이 차려주는 음식을 먹는 것이 전부다. 사찰에서 남성 신도가 담당하는 일은 주차관리나 잔디 깎기 정도이다. 이는 비구와 비구니의 역할에서도 마찬가지였다.

미국뿐 아니라 한국에서도 더 이상 성에 따른 역할이 고정되어 있지 않다. 그러나 아직까지 사찰에서는 성에 따른 역할이 고정되어 있다. 한인 사찰은 여성 불자들의 헌신이 없으면 운영되지 않을 정도로 그들의 역할이 절대적이지만 미국적 사고에 익숙한 한인 2세 여성들이 과연 그들의 어머니가 절에서 했던 역할들을 그대로 하려고 할까? 남녀가 공평하게 일을 나누어 한다면 몰라도 남녀 차별적인 관행을 받아들이지 않을 것은 명약관화하다. 비구니 스님들에 대한 차별도 같은 여성의 입장에서 용인하기 어려울 것이다.

그런 차별은 불교의 전근대성을 두드러지게 할 뿐이다. 한인 2세의 포교를 위해, 나아가 미국 사회에 융합되기 위해, 더 근본적으로 한국에서의 불교 발전을 위해 여성 불자의 역할에 대해 고민해야 할 시점에 왔다. 자기만족에 빠져 사회와의 연결 고리를 잃지 않으려면 한국에서든 미국에서든 전통적 가치를 현대적 가치와 조화시키는 새로운 비전이 요구된다.

3
서양 현대예술과
오리엔탈리즘

서구에서 오리엔탈리즘, 특히 자포니즘이 근대 서양미술에

하나의 대안이 되었다는 점은 의심의 여지가 없다.

그러나 그것이 바람직한 것이었는지에 대해서는 여전히 확신할 수 없다.

모더니즘은 서양 형이상학의 틀을 벗어나지 못했는데, 아직

'여기here'와 '저기there' 그리고 '그 너머beyond'가 남아있기 때문이다.

현대예술의 미적 관점이 선불교에 대한 올바른 이해에 기초하고 있는지

면밀하게 검토되어야 할 것 같다.

뉴욕의 별이 빛나는 밤

2007년 12월, 뉴욕에 도착했을 때, 유학 중인 미학과 후배 한 명이 마중 나와 주었다. 자동차를 타고 뉴저지로 이동하는 동안, 후배는 여기가 뉴욕 양키즈 스타디움이고 저기가 할렘이고 저 너머로 보이는 불빛이 뉴욕의 마천루라고 열심히 설명해 주었지만 나는 별 감흥을 느끼지 못했다. 서울에 익숙한 나에게 뉴욕은 그저 그런 대도시에 불과했다.

후배의 집이 위치한 뉴저지 중산층 주택가에 도착했을 때, 집집마다 문 앞에 세워진 오색등으로 깜박이는 철 지난 크리스마스트리를 보면서 비로소 미국에 도착했다는 것을 실감했다. 후배 말처럼 미국 중산층의 키치적 취미를 목격하면서 말이다.

서울에 익숙한 나에게 뉴욕은
그저 그런 대도시에 불과했다.

뉴욕 메트로폴리탄 미술관의 이집트관

그러나 뉴욕이 그 진가를 보여 준 것은 얼마 지나지 않아서였다. 나는 뉴욕에 도착한 다음 날 후배가 쥐어 준 지하철 티켓과 휴대 전화기를 들고 메트로폴리탄 미술관을 찾았다. 하루 종일 발이 아프도록 돌아다녔지만 겨우 이집트관 하나만 관람할 수 있었다. 유물이 넘쳐나도록 많아 나중에는 지친 나머지 많은 곳을 건성으로 지나쳤는데도 말이다. 한 미술관이 그렇게 많은 유물을, 그것도 다른 나라 유물을 소유하고 있다는 사실만큼 미국의 제국주의적 속성을 더 잘 보여 주는 예도 없을 것이다. 하지만 발걸음을 옮길 때마다 쏟아지는 그림과 조각, 유물들을 보며 느끼는 즐거움 때문에, 시간을 아껴 하나라도 더 봐야겠다는 욕심 때문에 그런 비판을 할 여유가 없었다.

그렇게 시작된 나의 미술관 기행은 뉴욕현대미술관MoMA, 휘트니미술관, 구겐하임미술관, 브루클린미술관, 프릭컬렉션 등등으로 이어졌다. 그림을 볼 수 있다는 사실만으로 마냥 즐거워 때로는 배고픔도 잊고 때로는 시간 가는 줄도 모르고 미술관을 돌아다니다가 마감 시간에 쫓겨나오기도 했다.

사막이 아름다운 건 어딘가 우물이 숨어 있어서인 것처럼, 뉴욕이 아름다운 건 하늘을 찌르는 마천루의 위용과 휘황찬란한 네온사인, 화려한 여인들의 패션 때문이 아니라 바로 어딘가 숨어 있는 미술관 때문이리라.

미술관을 갈 때마다 나는 책에서 볼 수 없었던 새로운 것을 느낄 수 있었다. 복제기술이 제아무리 정교해도 원작의 색감과 형태, 분위기를 그대로 살려내지는 못한다. 그렇지만 원작이 주는 감동을 딱히 그때문이라고만 할 수는 없다. 원작에만 있는 뭔가 특별한 것을 벤야민은 '아우라'라고 불렀지만 나는 '화가의 혼'이라고 믿는다.

어떻게 그것을 볼 수 있을까? 아마도 어린 왕자에게 건넨 여우의 말처럼 비밀은 '아주 간단'한지도 모른다.

"마음으로 보지 않으면 잘 보이지 않는단다. 근본적인 것은 눈에 안 보인단다."

나를 비우면 그림은 자신을 드러낸다. 그래서 그림을 볼 때면 알고 있던 모든 지식과 선입견을 모두 던져 버리고 그저 그것이 주는 느낌에 충실하면 그만이다.

하늘에 빛나는 수많은 별 중에도 가장 빛나는 별이 있듯이, 뉴욕의 숱한 미술관에 걸려 있는 명작들 중에서 나에게 가장 빛나는 별은 고흐의 〈별이 빛나는 밤〉이었다. 네덜란드 출신의 이 가난하고 불행했던

고흐, 〈별이 빛나는 밤〉, 1889년
"지금도 별이 반짝이는 밤하늘은 언제나 나를 꿈꾸게 만든다." -고흐

화가는 그가 만난 시골 사람들, 그가 머물렀던 카페, 나지막한 들녘과 심지어 나무 한 그루, 꽃 한 송이에도 깊이 공감해 일체가 될 때까지 자신을 소진시켰다. 그에게 남겨진 것은 끔찍한 가난과 고독뿐이었지만 그의 그림에는 진지하고 치열한 삶에 대한 열정과 인간에 대한 무한한 신뢰가 묻어 나온다. 그래서 그의 그림에는 어떤 특별함이 있다.

그러나 〈별이 빛나는 밤〉의 특별함은 그 모든 것을 능가한다. 고흐의 그림은 책에서 익히 보아 알고 있었지만 그날 뉴욕현대미술관에서 본 것은 내가 알고 있던 그 그림이 아니었다. 그 미술관 5층 전시실은 후기인상파와 입체파 그림들이 전시되어 있었다. 그것들을 하나하나 감상하다가 어느새 〈별이 빛나는 밤〉 앞에 서게 되었다. 그림 주변에는 미술관 교실의 강사인지, 젊은 동양계 여성이 유창한 영어로 그림을 설명하고 있었고 청강생들은 그 앞에 둘러 앉아 열심히 받아 적고 있었다.

"아, 이 그림!"

그림을 보는 순간, 나는 얼어붙은 듯 움직일 수 없었다. 웅성대는 사람들의 소리도, 젊은 강사의 목소리도 사라졌다. 나는 더 이상 들을 수도, 볼 수도 없었다. 그것은 내가 일찍이 알고 있던 그림이지만, 처음 보는 것, 아니 그림이 거기 있을 뿐, 그림을 보는 나 또한 사라지고 없었다. 생각도 멈추고 시간도 멈추었다. 그저 커다란 검은 밤하늘에 쏟아질듯 별들이 빛나고 있었다. 나는 완전히 다른 세계에 와 있었다. 선정에 든 듯, 사위는 고요했고 우주는 침묵 속에서 빛나고 있었다.

나는 더 이상 그림을 보고 있지 않았다. 다만 시간과 공간을 초월해 고흐가 기대어 있었던 그 창가에 서 있었다.

모네, 〈수련〉, 19세기경

 '화가는 깊은 밤 우연히 잠에서 깨어 창문을 열었을 것이다. 불현듯 시간이 멎고 하늘의 별이 쏟아질 듯 반짝인다. 하늘과 땅은 거대한 보금자리가 되어 작은 마을을 품고 있고, 우주의 조화인양 별빛 아래 마을은 포근히 잠들어 있다. 가난과 고독 속에서 고통스러웠던 그의 영혼이 찢겨져 나가기 전, 화가에게 섬광과 같은 짧은 휴식이 찾아왔다. 화가는 자연과 완전히 하나가 되고 그 침묵과 적정은 하늘의 빛나는 별이 되어 지금 내 앞에서 반짝이고 있다.'

 선정과 같은 상태에서 억지로 깨어나 다른 그림을 보기 위해 몸을 움직였지만, 나는 아무 그림도 볼 수 없었다. 눈뜬장님처럼 내 앞의 그림들이 모두 사라지고 오롯한 하나의 마음만 거기 있었다. 자석에 이끌리듯 다시 〈별이 빛나는 밤〉 앞으로 돌아왔다.

 단 하나의 예외는 모네의 〈수련〉이었다. 그것은 보아도 보는 것이 아닌 나의 눈에 들어온 유일한 그림이었다. 여름에 다시 그곳을 찾았을 때 나는 일부러 〈수련〉 쪽으로 먼저 다가갔다. 필시 〈별이 빛나는 밤〉은 다시 나를 몰입시킬 테니 나머지 것을 제대로 보려면 그래야 할 것 같았다. 모네의 수련 앞에서 나는 또다시 깊은 선정에 빠져들었다. 호수에 비치는 하늘과 구름처럼 나란 존재는 모네의 그림에 비치는 그림자에 불과했다. 평생 눈에 보이는 찰나의 진실을 그리기 위해 고분했던 모네는 어쩌면 만년에 그것이 색이 아니라 마음이라는 사실을 깨달았

3 서양 현대예술과 오리엔탈리즘

는지도 모른다. 하루 종일 미술관을 다니느라 지친 나의 심신이 거짓말처럼 회복되었다.

한참을 앉아있었을까, 문득 〈별이 빛나는 밤〉을 보아야 한다는 생각에 겨우 몸을 움직여 찾아갔다. 분명 그림이 있었던 장소에 왔는데, 〈별이 빛나는 밤〉은 보이지 않았다.

경호원에게 물었다.

"〈별이 빛나는 밤〉이 어디로 갔나요?"

그는 자신의 휴대 전화기에 저장된 그림을 보여 주면서 9월이면 돌아올 거라고 했다.

지금까지 내가 본 작품 중, 그와 유사한 체험을 전해 준 것은 대만 고궁박물관에서 본 송대 산수화와 붓글씨뿐이다. 아마도 그 작품들이 삶과 우주의 본질에 가장 깊이 다가갔기 때문에 그런 게 아닌가 싶다. 누군가 서양화 중에서 선적 경지를 묘사한 그림을 꼽으라고 한다면, 나는 주저 없이 고흐의 〈별이 빛나는 밤〉과 모네의 〈수련〉을 들겠다. 비록 그들이 불교를 몰랐을지라도.

그날 밤 기숙사 나의 방 창가에 별이 빛났다. 기다리던 9월이 다가오니 내 가슴이 설레기 시작했다. 어디선가 고흐의 속삭임이 들리는 듯했다.

고흐의 자화상에 나타난 자포니즘

보스턴은 뉴욕과 더불어 꼭 가 보아야 할 도시 중 하나이다. 노샘프턴에서 보스턴까지 자동차로는 두 시간이 채 안 걸리지만, 대중교통을 이용하면 버스를 갈아타느라 거의 반나절이 걸린다. 그마저 자주 없기 때문에 자동차가 없는 나로서는 엄두를 내지 못하고 보스턴까지 차편을 제공해 주는 인연이 나타나기를 기다리며 봄 학기를 보냈다.

여름방학이 왔다. 뉴욕 불광선원 주지인 휘광 스님이 너그럽게도 비구니스님 거처에 머물게 해 주셔서 여름방학 동안 뉴욕에서 지내기로 했다.
'이제 드디어 보스턴에 갈 수 있겠구나.'
모든 길이 로마로 통하듯이 뉴욕에서 보스턴까지는 차편도 많을뿐더러 시간과 경비도 아낄 수 있다. 더구나 하버드 대학 미술관이 리노

보스턴 'The Institute of Contemporary Art'에서 바라본 바다

베이션을 위해 곧 문을 닫을 예정이었기 때문에 더 미룰 수 없는 상황이었다.

뉴욕 차이나타운에서 버스를 타고 4시간을 달려 보스턴에 도착했다. 그 전날 나는 어떻게 하면 사흘 동안 가장 값싸고 효율적으로 미술관을 관람할 수 있을지 궁리하느라 밤을 새워 인터넷을 뒤졌다. 그렇게 준비한 시간표대로 도착하자마자 싸구려 민박집에 여장을 풀고 서둘러 현대미술관을 찾았다. 해안가에 세워진 현대미술관은 바다를 면한 한 쪽 벽이 통유리로 되어 있어 그림을 보는 것보다 바다를 감상하기에 더 좋았다. 마침 야외 레스토랑에서 프랑스 여가수가 부르는 샹송을 들으면서 나무 계단에 앉아 한참이나 바다를 바라보았다. 바다와 샹송, 오랜만에 맛보는 호사였다.

다음 날 계획대로 하버드 대학 미술관을 찾았다. 작은 규모였지만

고흐, 〈폴 고갱에게 바치는 자화상〉, 1888년 9월

일본 우끼요에浮世畵 판화에서
많은 영감을 받았던 고흐는 의도적으로
일본 승려의 모습을 한 자신의 자화상을 그렸던 것이다.

중요한 작품들이 꽤 많았다. 들라크루아의 〈민중을 이끄는 자유의 여신〉과 피카소의 초기 걸작들이 눈길을 끌었다. 고흐의 자화상도 있었다. 마침 미술관 안내를 하던 큐레이터가 고흐의 그림을 설명하다가 나를 보며 미소를 짓는다.

'내가 스님이라고 그러나?'

고흐의 그림 가까이 다가갔을 때 나는 비로소 큐레이터가 웃었던 이유를 알 수 있었다. 다름 아니라 그림 속의 고흐는 승복을 연상시키는 V자 형태의 옷을 입고 있었다. 그리고 삭발한 머리에 눈은 동양 사람처럼 쭉 찢어져 있어 마치 성형을 한 것 같았다. 일본 우끼요에浮世畵 판화에서 많은 영감을 받았던 고흐는 의도적으로 일본 승려의 모습을 한 자신의 자화상을 그렸던 것이다. 공교롭게도 그 그림 앞에 동양의 승려인 내가 나타났으니 그 큐레이터로서는 관심을 표하지 않을 수 없었을 것이다.

나 역시 고흐의 자화상 앞에 오래 서 있었다. 그러나 내가 이 그림에 관심을 갖게 된 이유는 좀 달랐다. 고흐가 불교에 관심이 있어서 그런 그림을 그렸다고 볼 수도 있겠지만, 자신을 다른 얼굴로 그렸다는 것은 뭔가 심각한 징후이다. 더구나 그 그림 속의 표정에는 스님들처럼 편안하고 확고한 중심이 아니라 어떤 신경증적인 불안이 엿보였다.

계획대로라면 다음 날 보스턴 미술관에 가야 했지만 고흐의 자화상을 한 번 더 보고 싶어 다시 하버드 대학 미술관을 찾았다. 문이 열리자 어제 만났던 큐레이터가 나를 알아보고 인사를 건네 왔다. 조금 머쓱했지만 곧장 고흐의 자화상 앞으로 달려갔다. 녹색 배경에 예민

하고 불안정한 서양 남자가 거기 그대로 있었다.
 '그럼에도 불구하고 고흐가 분명히 일본 승려의 모습으로 그렸다고 말했으니 기뻐해야 할까?'
 이 그림은 나에게 서양이 차용한 동양의 이미지에 대해 많은 생각을 하게 했다.
 마네의 〈올랭피아〉로부터 시작되는 현대회화가 우끼요에 일본 판화의 영향을 받았다는 사실은 비교적 널리 알려져 있다. 일본적인 감성을 표현한 비대칭적 구도와 원근법의 배제, 세부적인 요소의 과감한 생략을 특징으로 하는 그림들이 그것이다. 동양미학을 하는 입장에서 보면, 서양인이 열광했던 이러한 특징들은 이미 중국회화에서 발전된 기법들이기 때문에 그다지 새롭지 않지만 고전주의 전통에 반기를 들었던 서양화가들에게는 신선한 충격을 주었던 모양이다. 그것은 서양

고흐, 〈고흐의 방, 두 번째〉, 1889년
〈화가의 방〉이나 〈별이 빛나는 밤〉에서 보았던
밝고 따뜻하고 순수한 빛은
그 특유의 열정과 순수함에서 흘러나온 것 같다.

화가들이 찾고 있던 '미적 모더니티'에 대한 중요한 참조를 제공해 주었다. 특히 그 세속적이고 향락적이며 찰나적인 감수성은 근대 사회의 소모적이고 일회적인 감수성과 일치했기 때문에 다른 동양예술보다 더욱 열광적인 환영을 받았다.

그러나 고흐의 일본 판화에 대한 차용은 그 강렬하면서도 단순한 색채와 비대칭적 구도, 깊이와 원근법을 배제한 스타일에 한정되는 것 같다. 〈화가의 방〉이나 〈별이 빛나는 밤〉에서 보았던 밝고 따뜻하고 순수한 빛은 그 특유의 열정과 순수함에서 흘러나온 것 같다.

그런데 고흐의 자화상에 나타난 일본풍은 단순한 스타일의 차용 이상의 문제를 보여 준다. 이 그림은 고갱에게 줄 선물로 그려졌으며 그에 대한 화답으로 고갱도 자화상을 그려 고흐에게 보냈다. 얼마 지나지 않아 그들의 관계는 파탄이 났고, 고갱은 오염되지 않은 원시의 땅을 찾아 실제로 고갱이 도착했을 때 타이티는 이미 서양에 의해 심하게 훼손되었지만 타이티로 떠난다. 고흐 역시 동양에 대한 고갱의 동경을 공유했으므로 고갱에게 보낸 이 그림에서 자신의 이미지를 동양의 승려로 그렸다. 하지만 불안하고 날카로운 표정에는 곧 다가올 발작과 고갱과의 관계의 파탄, 그리고 이후 일어난 비극적 자살의 예후가 보인다.

고흐의 그림에 차용된 일본 스님의 이미지는 외적 유사성에도 불구하고, 아니 바로 그때문에 분열된 자아의 모습이 더 뚜렷이 드러난다. 그러므로 승려의 이미지는 투사된 것일 뿐, 고흐가 진지하게 불교에 관심을 가졌다거나 불교를 이해했다는 것을 의미하지 않는다. 불교 도상이나 이미지가 나타난다고 해서 모두 불교적이라고 볼 수는 없지 않은가? 오스카 와일드가 지적했듯이, "일본은 순전히 날조된 것"이고 "일본인들은 단순히 양식의 한 부분이자 예술에 대한 절묘한 공상의 하나일 뿐"이다. 일본은 단지 서양인들이 갖지 못한 근원적이고 감성적이며 정신적인 것으로 상상되었으며 불교 역시 일본 문화의 덧칠 아래 피상적인 수준에서 이해되었을 뿐이다.

여기에서 고흐의 자화상은 한 개인의 초상을 뛰어넘는 의미를 드러낸다. 그것은 고흐의 내적 분열이 서양 근대의 내적 분열과 밀접하게 관련되어 있다는 사실을 극명하게 보여 준다. 일본 승려의 이미지는 고흐 개인의 동경과 분열, 상실의 투사일 뿐 아니라 서양 근대가 잃어버린 것에 대한 동경이자 서양 문화의 병적 징후이다. 근본적으로 자포니즘Japonism, 19세기 중반이후 20세기 초까지 서양 미술 전반에 나타난 일본 미술의 영향과 일본적인 취향 및 일본풍을 즐기고 선호하는 현상을 이르는 말은 계몽과 진보를 주장했던 근대 서구 문명이 안고 있던 내적 모순이 '타자에 대한 동경'으로 투사된 것이다.

서구에서 오리엔탈리즘, 특히 자포니즘이 근대 서양미술에 하나의 대안이 되었다는 점은 의심의 여지가 없다. 그러나 그것이 바람직한 것이었는지에 대해서는 여전히 확신할 수 없다. 더구나 스스로 자신을 타자화하고 상품화해서 일본 세일즈에 열을 올렸던 일본이 얼마 후 제국주의의 앞장이 되어 '조선'을 타자화했다는 사실을 상기하면, 동양, 나아가 불교의 신비화와 타자화가 동양 자신을 위해 바람직했는지 또한 의심스럽기 그지없다.

'보이는 것'으로부터 '보이지 않는 것'으로

모더니즘 이전까지 서양 회화는 눈이 본 것을 재현하는 데 목적을 두었다. 그러나 그것은 우리가 본 것을 재현한 것이 아니라, 보았다고 생각한 것을 재현했다. 따라서 순수하게 눈이 본 것이 무엇인지에 대한 의심은 아직 제기되지 않고 있었다.

19세기 사진술의 등장은 이처럼 자명하다고 여겨진 '보이는 것'에 대한 회의를 낳았다. 대상을 그림보다 더 정확하게 재현한 사진은 지금까지 '재현'에 대한 회화의 독보적 지위를 위협했다. 이제 화가들은 무엇이 회화의 본질인지 고민하지 않을 수 없게 되었다.

이탈리아 르네상스의 위대한 발견인 선원근법은 3차원의 공간을 2차원의 화면에 재현하는 기법으로 오랫동안 애호되었지만, 눈이 본 것을 그대로 재현하지 않는다는 사실을 자각하게 되었다. 선원근법은 카메라와 마찬가지로 하나의 소실점을 갖는 고정된 시점을 통해 대상들에게 질서와 통일성을 가져다주지만 끊임없이 움직이는 우리 눈의 지각 방식과 다르다. 그것은 눈이 본 것에 대한 진실한 재현이 아니라 수적 비례에 따라 눈이 본 것을 왜곡하는 주관적이며 관념적인 허구에 지나지 않는다. 이제 화가들은 눈이 지각한 것이 과연 무엇인지 심각하게 반성하지 않으면 안 되었고 회화의 관심은 '재현된 대상의 의미'에서 '지각의 문제'로 이동했다.

그중에서 가장 진지하고 끈기 있게 이 문제에 도전한 화가는 모네와 세잔이다. 그들은 어떤 선입견도 없는 순수시각으로부터 자연의 본질을 발견하려 했다. 한 사람은 시시각각 변화하는 물에 반사된 '수련'의 이미지에서 시각적 진실을, 다른 한 사람은 움직이지 않고 항상 제자리에 있는 '생트 빅투아르 산'에서 자연의 변치 않는 실체를 파악하려고 했다.

메를로 퐁티가 지적하듯 세잔은 순수지각을 통해 개념적으로 파악할 수 없는 근원적인 '존재'를 보여 주고자 했다. 모네가 '보이는 것', 즉 주관의 현상에 집중했다면, 세잔은 '보이는 것'에서 '보이지 않는 것', 즉 자연에 감추어진 존재를 보여 주고자 했다. 그 노력으로 세잔은 이 '순수지각'으로부터 자연의 본질이 확고하게 드러나는 '순수형식'을 발견했는데, 그것은 구형, 원통형, 원추형이었다.

세기말의 혼란과 불안, 다가오는 세계대전의 공포 속에서 다음 세대 화가들은 '보이는 것'으로부터 '보이지 않는 것'으로 한 걸음 더 나아갔다. 그들은 일시적이고 오염된 '보이는 세계' 너머 근본적이고 순수하며 영속적인 무언가를 찾으려고 했다. 세기말의 도덕의 타락과 세계대전의 참혹한 인간 파괴는 신의 창조와 권능을 믿을 수 없게 만들었고, 칼 융이 지적하듯 기독교는 인간 내면에서 일어나는 어려운 문제들을 해결하는 데 한계를 드러냈다.

정신성에 대한 이 시대의 요구에 가장 먼저 응답한 것은 신지학이었다. 이는 1875년 러시아 태생 미국인인 헬레나 블라바츠키와 미국의 군인이자 언론인인 헨리 올콧이 창립한 신지학회를 통해 19세기 후반에서 20세기 초에 걸쳐 러시아뿐 아니라 유럽과 미국으로 널리 퍼져 나갔다. 신지학은 서양의 여러 신비주의 전통에 인도의 베다와 힌두교, 불교 등이 혼합된 새로운 형태의 신비주의로서, 인격신을 거부한다. 그뿐만 아니라 인간이 정신적 진화 과정을 통해 물질적 영역에서 벗어나 새로운 우주적 의식에 도달함과 동시에, 사회도 인간의 영적 진화에 맞추어 고차원적인 형태로 진화함으로써 결과적으로 완전히 새로운 인간 역사의 주기가 시작된다고 믿었다.

동양 사상은 신지학을 통해 우회적으로 서양 문화에 침투했다. 그 결과 불교의 '열반'은 물질이 사라진 순수한 깨달음의 경지로, '눈에 보이는 것'을 너머 '무無'라고 말할 수밖에 없는 궁극적 실재와의 조우로 이해되었다. 불교의 공과 연기에 대해 충분히 이해한 것은 아니었지만, 신지학은 불교가 서양 문화에 파급되는 하나의 통로였다.

신비주의가 추상회화에 준 영향은 그동안 형식주의 비평가에 의해 간과되어왔다. 하지만, 모더니즘은 실제로 신비주의와 밀접하게 연관되어 있다. 정확하게 말해, 추상회화는 새로운 형식에 대한 모색에서 발생한 것이 아니라, '보이는 세계' 너머 존재하는 '보이지 않는 것', 다시 말해 근원적이며 순수한 실재를 발견하려는 정신적인 추구로부터 발생한 것이다.

실제로 거의 대부분의 모더니즘 작가들은 신비주의와 관계를 가졌는데, 말라르메, 아폴리네르, 엘리엇, 예이츠 등의 시인과 칸딘스키, 몬드리안, 말레비치 등의 화가가 그러하다. 하지만 그 싹은 이미 세잔의 회화세계 속에 배태되어 있었던 것으로, '보이는 것', 곧 순수지각이란 현실과의 관계를 단절한 주관적이고 내면적인 행위이며 그 자체로 순수하게 정신적이며 비의적인 것이다. 기존의 정신성은 종교적 교의나 형이상학적 의미에 연관되어 있었지만, 모더니즘의 정신성은 그런 의미를 배제한 순수한 내적 체험과 연관되기 때문에 '예술을 위한 예술'이라는 모더니즘의 예술의 자율성에 대한 주장은 궁극적으로 예술의 초월성과 정신성에 대한 요구와 연관되어 있다.

다음의 그림들에서 우리는 서양 회화가 구상에서 추상으로 변화하는 과정을 추적할 수 있다. 이 과정은 세잔의 순수지각으로부터 보이는 세계 너머로 주관화되는 과정이다. 이 주관화는 외적 대상의 재현을 거부하는 추상화로 나아갔다. 서양의 공간 인식은 현상의 배후에 본질의 존재를 가정하는 형이상학에 의해 결정되며, 이때 본질은 플라톤이 규정했던 것처럼 형식, 다시 말해 기하학적인 것으로 이해되었다. 따라서 사물의 재현을 목적으로 하는 구상화의 공간구성의 틀이 기하학인 것과 마찬가지로 '보이는 것'의 구체적 내용을 제거한 추상화 또한 기하

세잔, 〈커다란 소나무와 생트 빅투아르 산〉, 1885~1887년

몬드리안, 〈붉은 나무〉, 1908년

몬드리안, 〈회색 나무〉, 1911년

몬드리안, 〈구성 no.V〉, 1914년

몬드리안, 〈빨강, 파랑, 노랑의 구성〉, 1930년

학적 형식으로 구성된다.

화면이 '보이는 것'에서 '보이지 않는' 추상적인 것으로 변화하지만, 르네w상스의 원근법뿐 아니라 세잔이 자연을 원통형, 구, 원추형으로 보라고 했을 때에도 그 기초는 기하학이었다. 마치 서양철학에서 진리는 내용이 없는 논리학인 것처럼 재현적 내용을 거부한 추상화에 남겨진 것은 순수형식이었다. 그러나 명심해야 할 점은 서양화를 구상에서 추상으로 추동시킨 힘이 볼링거가 말한 추상충동이 아니라, '보이는 세계' 너머 '보이지 않는 정신적인 것'에 대한 탐구라는 사실이다.

모더니즘 회화에서 우리는 불교적 단초를 발견할 수 있다. 개념적 구성에서 벗어난 순수지각을 찾으려는 시도는 비록 불교에 의해 촉발된 것은 아니지만, 서양 문명의 토대인 이성 중심주의에서 벗어나 주관적인 인식 행위 자체를 반성하는 계기가 되었다는 점에서, 그로부터 회화의 관심이 객관세계의 재현으로부터 주관의 정신성으로 전환되었다는 점에서, 그것은 장차 불교가 서양 문화에 이식될 수 있는 초석이 되었다. 그럼에도 모더니즘은 서양 형이상학의 틀을 벗어나지 못했는데, 아직 '여기here'와 '저기there' 그리고 '그 너머beyond'가 남아있기 때문이다.

미국 속의 일본, 그리고 선불교

일본은 가장 가까운 이웃 나라지만 나는 아직까지 일본을 가 본 적이 없다. 한마디로 일본을 좋아하지도 않고 관심도 없었다. 그런데 유감스럽게도 이역만리 미국에서의 유학 생활 중 가는 곳곳마다 일본을 만나지 않을 수 없었다.

스미스 칼리지만 해도 그렇다. 즐겨 산책하는 파라다이스 호수 주변에 일본식 티 하우스와 작은 일본 불상이 하나 세워져 있다. 이름 그대로 평화롭고 아름다운 호숫가에 위치한 이 티 하우스만큼 미국 속 일본의 이미지를 잘 보여 주는 사례도 없을 것이다. 미국에서 일본은 이처럼 자연을 사랑하고 고요한 명상과 세련된 다도를 행하는 심오한 문화의 나라로 알려져 있다. 티 하우스가 거기 있는 한, 호숫가를 거니

파라다이스 호수 부근의 일본식 티 하우스와 일본 불상

스미스여대 국화 전시회에 걸린 기모노와 도리
일본은 이미 미국 전통이 되어 버린 것이다.

는 미국인들에게 일본의 이미지는 계속 그렇게 기억될 것이다.

2008년 가을, 스미스 칼리지 식물원에서 국화 전시회가 열려 마기, 브레인과 함께 국화 전시를 보러 간 적이 있다. 마기가 스미스 칼리지에 재학할 때에도 열렸을 만큼 그 전시는 이 지역에서 꽤 전통 깊은 행사였다. 학생들이 재배한 갖가지 색깔과 형태의 국화가 온실을 가득 채우고 있었는데, 특이하게도 전시장 입구에 일본식 문이 세워져 있었고 온실 중앙에 기모노가 두 점 걸려 있었다. 처음엔 별 생각이 없었으나 후에 부속 전시실에 전시된 여러 점의 기모노와 서예 작품을 보고 비로소 이 전시의 문화사적 성격을 이해할 수 있었다.

그것은 단순한 꽃 전시회가 아니라 19세기로 거슬러 올라가는 자포니즘과 관련이 있는, 일종의 오리엔탈리즘 전시였다. 일본 문화는 세련된 미적 취미로서 서양을 매혹시켰는데, 미국에서는 특히 이곳 뉴잉글랜드 지방의 눈 높은 상류층 여성들의 마음을 사로잡았다. 그러니까 수많은 여류명사와 퍼스트레이디를 배출한 미국의 대표적인 여대인 스미스 칼리지에서 국화 전시회가 열리는 것은 우연이 아니었다.

그러나 아무래도 그냥 지나칠 수 없었다. 다음 날 마기를 만났을 때, 국화가 '국화와 칼'로 대변되는 일본 문화의 상징이 아니라 그 이전부터 동아시아에서 공유된 '사군자'라는 유교 문화의 상징 중 하나라고 힘주어 강조했다. 그렇지만 이미 스미스 칼리지의 전통이 되어 버린 국화 전시회는 내가 참견할 일이 아니었다. 일본은 이미 미국 전통이 되어 버린 것이다.

2008년 8월, 여름 영화배우 안성기 씨가 한국 영화 홍보를 위해 미국에 왔을 때, 그 일을 기획한 이향순 교수와 함께 뉴욕에서 워싱턴까지 동행했었다. 그때 만난 한국 대사관 직원들이 독도 문제를 걱정하면서 나에게 들려준 이야기도 미국 속 일본의 위상을 잘 말해 준다.

제2차 세계대전 패망 후 일본은 사죄의 의미로 벚꽃나무를 미국에 보냈는데 그 나무들이 이제 아름드리가 되어 봄마다 워싱턴에서는 벚꽃 축제가 열린다. 그에 맞추어 언론은 앞다투어 일본 문화를 소개하고 박물관은 일본 문화 기획전을 연다. 자연히 일본은 전쟁을 일으킨 패전국이 아니라 꽃을 사랑하는 평화의 나라가 된다. 이 얼마나 손쉬운 외교인가? 그러니 일본과 분쟁 중인 독도 문제에 대해 국제사회에서 우리의 주장을 들어줄 국가가 많지 않을 수밖에. 문화외교의 힘은 이렇게 대단한 것이다.

제2차 세계대전 후 일본의 외교는 문화를 통해 일본의 이미지를 재고하는 데 주력했다. 이 정책은 메이지 시대부터 시작되었지만, 패전 후 그들은 일본 문화와 예술을 선불교로 포장해 일본을 세일즈했다. 스즈키는 50년대에 다시 미국으로 건너간다. 컬럼비아 대학에서 열린 그의 선불교 강연에는 뉴욕의 많은 문화예술인들이 참가했고 뉴욕 문화계에 엄청난 반향을 불러일으켰다. 존 케이지, 에리히 프롬, 칼 구스타프 융, 토마스 머튼, 아놀드 토인비, 알렌 긴스버그, 잭 케루악, 알렌 와트, 게리 스나이더 등 그의 영향을 받은 사람은 이루 말할 수 없다. 스즈키의 선불교 소개는 수행 방법에 대한 강의라기보다 선사상과 선 문화 소개에 가까웠다. 그는 일본 문화가 서양의 합리적, 물질적 문화와 반대로 고도로 정신적이고 신비로운 것이기에, 일본 문화를 알기 위해서는 선을 알아야한다고 역설했다.

　스즈키의 영향은 유럽까지 미치지만 미국에서 더 많은 독자를 얻었던 데에는 전후 일본과 미국의 정치 역학이 개입되어 있다. 태평양전쟁 때 미국은 적군 일본을 파악하기 위해 일본어 습득을 장려했으며 전쟁 후에는 미군이 일본에 주둔함에 따라 더 많은 미국인이 일본을 방문하거나 체류하게 되었고 양국 간의 교류가 증대되었다. 냉전 시대에는 미국의 군사 기지로서, 그리고 한국전쟁 특수를 통해 경제성장을 이룬 민주주의적 자본주의에 성공한 아시아 국가로서 일본은 미국의 주적에서 미국의 우방으로 탈바꿈한다.

　상호 존중과 이해가 양국의 공동 관심사가 되자 문학과 예술, 스즈키가 주장한 선의 정신성이 1950년대 이후 미국에서 일본의 새로운 얼굴이 되었다. 마침 전쟁 후 미국이 경험한 풍요 속의 공허는 일본 문화에 대한 동경을 증대시켰고, 비트와 히피운동은 일본 선을 전파하는 통로가 되었다. 비트 작가와 알렌 와트를 통해 불교를 알게 된 대학생들이 아시아 종교, 특히 불교 과정을 개설해줄 것을 대학에 요구했다. 이제 상황은 스즈키가 폴 캐루스에게 배우기 위해 미국에 왔을 때와 정반대가 되었다. 선은 '동양의 지혜'로 간주되었고 불교학은 미국에서 중요한 학문으로 자리 잡았다. 많은 서양학자들이 스즈키의 저서를 읽고 학문적 관심뿐 아니라 선 수행을 직접 경험하려는 희망을 안고 일본으로 갔다.

　일본에 도착해 그들이 발견한 것은 스즈키가 말한 선불교가 일본에 없다는 사실이었다. 일본 승려들은 장례를 주관하고 가업을 계승

할 뿐이었다. 미국이 선불교의 새로운 중심이 되리라는 희망으로 열심히 수행을 했지만 스즈키가 말한 깨달음은 쉽게 얻어지지 않았다. 열광은 실망으로 바뀌었고 많은 불교학자들이 스즈키에게서 배신감을 느꼈다. 일부 학자들은 사토리, 무심, 불성과 같은 동아시아 불교의 근본 개념이 내용 없는 수사에 불과하다고 주장했다. 만약 그렇다면 스즈키의 저술 뿐 아니라 선불교 전체가 사기가 된다. 스미스 칼리지에서 일본불교를 강의하는 허바드 교수가 대표적인 비판불교 학자이다.

연구가 진전됨에 따라 일본불교의 또 다른 문제가 드러났다. 선승들이 일본의 군국주의와 제국주의에 가담했으며 일부는 전쟁을 적극적으로 지원했다는 사실이 폭로되었다. 스즈키의 스승인 소엔 샤쿠가 러일전쟁을 지원하기 위해 조선과 만주를 방문했고 스즈키의 선불교 해석 역시 군사주의와 연관된다는 점이 밝혀졌다. 태평양전쟁 중 일본불교는 일본의 행동을 비판하지 않았고 전쟁이 끝난 뒤에도 도덕적 반성이 없었다는 사실이 밝혀지자 실망은 환멸이 되어 버렸다.

그런데 재미있게도 일본불교를 비판하든 아니든, 그들의 학문적 입장과 관계없이 일본에서 공부했던 학자들은 대부분 일본에 대해 호감을 가지고 있었다. 그 시절이 그들의 개인사에서 가장 순수하고 열정적인 시기였기 때문에 그럴 수도 있지만 일본에 대한 기억마저 우호적이라면 일본의 저력을 과소평가해서는 안 된다.

이제 미국 대학에서 스즈키의 저술은 읽히지 않는다. 더불어 선불교도 매력을 잃었다. 그 자리에 위파사나와 티베트불교가 미국인들의 마음을 사로잡고 있다. 그러나 스즈키가 구축한 선과 일본 문화의 이미지는 학문 밖의 세계에서 계속 영향력을 행사하고 있다. 미국에 가장 먼저 전해지고 가장 널리 알려진 불교가 일본선이기 때문에 그 영향은 아직도 이어지고 있다. 그런데 문제는 일본이 신천지 미국에 선불교를 전하면서 일본불교의 문제점까지 고스란히 전했다는 점이다.

 스미스 칼리지에 있는 동안 허바드 교수의 일본근대불교 강의를 청강했다. 미국불교를 알기 위해서도, 한국불교를 알기 위해서도 일본불교 연구가 필요하다는 뒤늦은 자각 때문이었다. 알지 못하면 당하게 마련이다. 부처님의 법을 바르게 전하기 위해, 일제강점기에 한국불교가 받았을 일본불교의 잔재를 청산하기 위해 알량한 자존심은 잊어버려야 하겠다.

부정의 미학, 뒤샹과 선

예술은 시대의 징후이다. 유마거사가 "중생이 병들면 보살도 병든다"고 했듯이 예술가들은 그 예민함으로 시대의 고통을 가장 먼저 느끼고 가장 깊이 절망했다. 20세기에 들어와 예술가들은 진보와 계몽의 장밋빛 미래로 나아갈 줄만 알았던 '모더니티'의 기획이 괴물이 되어 버렸음을 간파했다. 그들은 시대의 모순과 불안을 온몸으로 느끼며 절망적으로 그 괴물과 싸웠다. 예술가들은 이제 아방가르드로서 세계대전을 일으킨 부르주아지의 허위의식을 공격했을 뿐 아니라 예술도 함께 파괴했다.

제1차 세계대전 중 스위스 취리히에 모여든 예술가들에 의해 시작된 다다이즘은, 세상의 모든 의미를 부정했다. 아방가르드는 예술을

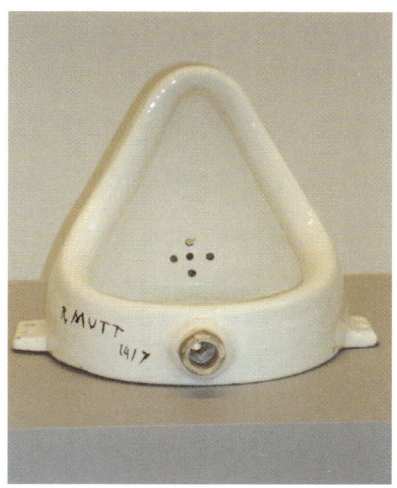

마르셀 뒤샹, 〈샘〉, 1917년

개혁하는 것을 목표로 삼지 않았다. 그들이 원한 것은 예술을 파괴하는 것이며 그것을 통해 부르주아적 가치를 조롱하는 것이었다. 전쟁이 끝난 후 다다는 유럽 전역으로 퍼져 나갔지만 정치 운동과 연관되면서 서서히 사라졌다. 대신, 프랑스의 마르셀 뒤샹1887~1968과 피카비아1879~1953가 뉴욕으로 이주하면서 뉴욕이 다다의 새로운 중심지가 되었다.

옥타비오 파스가 제2차 세계대전 이후 현대미술은 1900~1930년 사이의 미술을 추종하는데, 그중에서도 가장 큰 영향을 미친 사람은 마르셀 뒤샹이다. 〈계단을 내려오는 누드 No. 2〉는 1913년 뉴욕 아모리쇼에 전시되었을 때 모더니즘의 상징이 되었고, "R. Mutt 1917"이라고 서명된 악명 높은 변기는 〈샘〉이라는 제목으로 뉴욕 전시회에 출품되었을 때 기존의 '예술' 관념을 뒤엎었다. 1950년대 뉴욕파와 해프

닝, 개념아트, 팝아트 등은 모두 그로부터 영감을 얻었다.

'미적인 모든 것을 불태워라'라는 뒤샹의 성상파괴적 태도는 새로운 조형언어를 찾은 입체주의보다 더 근본적인 변화를 가져다주었다. 반미학이 미학을 대체했고 시각적 무관심이 취미를 대체했다.

"당신이 좋아하거나 또는 싫어하는 것을 선택하는 대신, 예술가에게 전혀 관심을 끌지 않는 것을 선택하라. 다시 말해 대상에 대해 무관심한 상태에 도달하라. 그 순간 그것은 레디메이드가 된다."

뒤샹의 레디메이드는 수작업에 의해 예술이 창조되기 때문에 기계적 생산보다 고상한 작업이라는 신념을 파괴하고 기계적 생산 양식도 예술에 적용시킬 수 있음을 보여 준 파격적 시도였다. 이 시도는 동시대 예술가들에게 깊은 충격을 주었으며 이로 인해 20세기의 문화 풍경은 완전히 바뀌었다.

뒤샹의 저항 방식은 반대가 아니라 무관심이었다. 재미있게도 일부 비평가들은 이처럼 관례적 가치로부터 벗어나서 어떤 판단 없이 사물을 무관심하게 보는 방식을 '자생적 선禪'이라고 평가한다. 과연 그럴까?

다다이즘은 그 어떤 진지함도 거부했다. 현실을 냉소적으로 조롱함으로써 현실을 초월하고자 했다. 그 점에서 다다의 무대가 전쟁이 미치지 않았던 중립국 스위스와 대서양 건너 뉴욕이라는 사실은 의미심장하다. 다다는 현실에서 한 발짝 벗어난 예외적인 존재에만 허용된 행운이었다. 그러므로 그들은 예술은 부정했지만 예술가임은 부정하지 않았다. 역설적이게도 그들의 존재는 전통 사회에서 예술가들이 누렸던 예외적 특권에 의지하고 있으며, 반미학적 과격성에도 불구하고 그들의 저항은 미학적 차원에 제한되어 있었다.

뒤샹의 예외성은 전쟁의 압박이 전혀 없었던 미국에서, 유럽의 모든 예술적 경향을 동경해마지 않았던 미국의 문화적 후진성 가운데에서 유감없이 발휘되었다. 1923년부터 그는 공식적으로 모든 작품의 제작 활동을 중단하고 체스에 투신했다. 당시 사람들은 뒤샹의 이 태도마저 아방가르드적 행위로 받아들였다. 그는 모든 예술적 노력과 진지함을 비웃으며 초연하게 체스놀이를 즐기는 예외자, 따라서 가장 아방가르드적인 예술가로 간주되었다. 과연 그는 헤세의 『유리알 유희』에 나오는 명인들처럼 지상의 모든 가치들에서 초탈해 체스의 유희를 즐겼을까?

필라델피아 시내에서

뒤샹의 사후에 〈주어진 것*Etant donnés*〉이라는 유작이 발견된다. 이 발견은 당시 화단에 큰 충격을 주었다. 그것은 기만 때문이 아니라 다다의 근본적인 한계를 보여 주기 때문이었다. 예술뿐 아니라 자신의 삶마저 하나의 안티테제로 만들었지만 결국 그는 인간들이 의미를 부여하며 살아가는 그 '무의미한' 현실에서 완전히 자유롭지 못했던 것이다. "괴물과 싸우는 자는 그 자신이 괴물이 되지 않도록 조심하라"는 니체의 경고가 의미하는 바처럼, 안티테제는 테제의 반대로서만 존

뉴욕현대미술관 내부

립하기 때문에 테제의 부정성을 결코 극복할 수 없는 것이 아닐까? 결국 키에르케고르가 지적했듯이 '이것이냐 저것이냐'의 선택을 끊임없이 강요하는 현실 속에서 미적 자유란 허울에 불과한 것이 아닐까?

훗날 다다가 돌아왔을 때 그것은 이빨 빠진 호랑이가 되어 있었다. 홉스봄이 지적하듯이 그것은 참을 수 없는 세상에 대한 절망적인 항변으로서가 아니라 대중의 이목을 끌기 위한 옛 다다의 선물로서 돌아왔다. 그리고 마침내 미술관이라는 자본주의 시장경제 체제에 먹혀버렸다. 다른 한편에서 본다면, 아방가르드가 개척한 새로운 자유 덕분에 예술의 범위가 확장되고 인간의 세계에 대한 관점도 다양화되었다.

만약 뒤샹의 미술과 선불교의 유사성을 찾는다면 부정의 정신이라고 말할 수 있다. 그러나 거기까지만 그렇다. 그들은 결코 선의 긍정성을 이해하지 못했다. 아방가르드의 선에 대한 관심은 바로 그 부정성 때문에 촉발되었으며, 선은 서양 문화에 대한 하나의 대안으로서 수용되었다. 지금까지도 선을 부정성으로 이해하는 비평가가 존재한다는 사실은 그들의 불교 이해의 근본적인 문제를 말해 준다.

뒤샹의 작품은 뉴욕현대미술관과 필라델피아 미술관에서 만날 수 있다.

춤과 춤이 아닌 것의 경계

봄 학기가 시작된 지 얼마 지나지 않아 허바드 교수가 찾아왔다. 불교와 현대무용에 관한 논문을 준비하는 대학원생이 논문 지도를 부탁했다면서 함께 만나 보자고 했다. 현대무용에 대해서는 아는 바가 없다고 사양했지만 그래도 예술에 대해 자신보다 아는 것이 많고 내 연구에도 도움이 될 거라면서 거듭 청하는 바람에 함께 만나기로 했다.

바네사를 처음 만난 날, 나는 그가 어떻게 불교에 관심을 갖게 되었는지, 왜 불교와 현대무용을 접목시키려고 하는지 등등 그동안 궁금했던 것을 물어보았다. 바네사 역시 내 연구에 관심이 많아 우리는 시간 가는 줄 모르고 이야기를 나누었다.

어린 나이에도 불구하고 바네사의 불교에 대한 열의는 대단했다. 명상을 하러 인도까지 가 보았다고 했다. 스미스 칼리지에 오게 된 사정을 물었더니 뜻밖에도 뉴욕에서 지낼 때 무용만으로 생계유지가 어려워 식당에서 아르바이트를 하며 힘겹게 지내다가 스미스 칼리지에서 주는 조교 장학금을 받게 되어 대학원에 들어오게 되었다는 이야기를 들려주었다. 순수예술을 하는 사람이 배고픈 건 미국도 마찬가지인가 보다.

석사논문 주제로 바네사는 뉴욕 무용단 시절의 실험적인 무용과 불교를 접목시킨 춤을 구상하고 있었는데, 그 의미가 잘 이해되지 않아 다시 물어보았더니 그는 얼마 뒤 있을 공연을 보면 이해될 거라면서 우리를 공연에 초대했다.

그렇게 해서 거의 이십 년 만에 무용 공연을, 그것도 현대무용을 관람하게 되었다. 허바드 교수는 부부 동반으로 왔다. 공연이 시작되기 전, 소란스러운 가운데 가벼운 긴장이 흐르는, 예전에 익숙했던 분위기가 새삼스레 느껴져 혼자 미소 짓고 있는데 옆에 있던 허바드 교수가 걱정스러운 듯 물었다.

"그런데……, 무용을 보는 건 계율에 위배되지 않나요?"

본인 때문에 여기까지 오게 되었는데 지금 와서 계율 걱정을 하다니! 미국 사람들은 한 번 계율을 받으면 철저하게 지킨다는 이야기가 생각났다. 웃으면서 연구를 위해 온 것이니 괜찮다고 대답하면서 한편으론 적어도 이곳에선 계율을 지키는 일로 곤란한 일을 겪지는 않겠다는 생각이 들어 그들의 순수함이 무척 고맙게 느껴졌다.

공연이 끝난 뒤, 허바드 교수와 나는 우리가 난감한 상황에 처했다

는 사실을 알게 되었다. 다른 공연은 그런대로 이해되었지만 바네사가 안무한 춤은 무엇을 표현하는지 이해가 되지 않았기 때문이다.

다음 날 바네사에게 메일을 썼다. 공연은 즐겁게 보았지만 내용이 잘 이해되지 않는다고. 바네사로부터 한 달 뒤 자신이 직접 춤을 추는 공연이 있으니 그때 다시 오라는 답장을 받았다. 그 공연에는 허바드 교수가 다른 사정이 있어 나 혼자 가게 되었다. 그렇게 해서 얼떨결에 나는 바네사의 석사논문 심사위원이 되었다. 오월 초에 바네사가 논문 초고를 보내 주었고 봄 학기가 끝날 무렵 논문심사에 참가했다.

현대무용은 잘 알려진 것처럼 고전발레의 극단적인 기교를 거부하며 발레 슈즈를 벗어던지고 맨발로 자연스럽고 자유로운 춤을 춘 이사도라 던컨에 의해 시작되었다. 그러나 20세기 중반까지 무용은 어떤 것에 '대한' 표현이었으며 '생각을 어떻게 몸의 움직임으로 표현하는가'에 초점이 맞추어져 있었다. 〈백조의 호수〉나 〈호두까기 인형〉과 같은 고전발레 뿐 아니라 마샤 그래험의 현대무용 역시 어떤 극적 사건이

스미스 칼리지 졸업식 날 바네사

나 관념을 표현하는 일종의 무언극이기 때문에 무용수는 춤을 추기 전 그것에 대한 관념을 가지고 있어야 했다. 이런 춤들은 춤을 추기 전에 그것에 대한 의식이 선행되기를 요구하는, 그래서 몸과 마음을 분리하는 이원론에 바탕을 두고 있다. 바로 이것이 바네사가 비판하는 현대무용의 문제이다.

그러므로 바네사가 그의 춤, 〈무 그리고 가능성의 카오스〉에서 추구한 것은 선행하는 관념이나 의도가 없는 춤이었다. 다시 말해, 춤을 어떤 특수한 문화적 미적 활동으로 제한하지 않고, 지금 이 순간 나의 몸으로 감응하는 바에 대한 기록으로 삼고자 했다. 이 새로운 무용철학은 한편으로 바네사 자신의 참선 체험에서 영감 받은 것이고, 다른 한편으로 존 케이지의 미학과 연장선에 있는 것이다. 어떤 전제나 생각을 배제하고 순수한 몸의 감각에 반응하는 바네사의 춤은 50년대 이후 현대무용, 특히 머스 커닝험의 무용에 결정적인 영향을 준 존 케이지의 '우연'과 '비결정성'의 미학과 동일한 기초를 가지고 있다.

존 케이지의 음악 미학에 결정적인 전환점을 마련해준 것은 1950년대 컬럼비아 대학에서 행해진 D. T. 스즈키의 선불교 강의였다. 선불교의 영향을 받은 그는 부단한 변화와 다양성의 세계가 그대로 진여이며 절대적 진리라는 사실을 확신했다. 자아로부터 자유로워지기 위해, 있는 그대로의 진여를 드러내기 위해, 무엇을 변조하거나 만들려는 의도 없이, 어떤 것도 미리 결정하지 않는 우연에 맡겼다. 당시 사람들에게 충격을 준 〈4분 33초〉라는 음악은 소리를 통제하려는 모든 의도를 배제하려는 극단적인 시도였다. 연주자가 피아노 뚜껑을 열고 팔을 들었다가 놓은 후, 정해진 시간이 흐른 뒤에 다시 피아노 뚜껑을 닫는 것으로 연주가 끝난다. 이 작품은 침묵 가운데 들리는 피아노 뚜껑을 여닫는 소리, 관객의 웅성거림, 지나가는 기차소리 등 모든 소리가 음악이라는 케이지 미학의 극단적인 지점을 보여 준다.

무의도성은 머스 커닝햄의 춤과 바네사의 춤에도 동일하게 적용된다. 그들은 무용수들에게 춤을 추기 전에 춤에 대한 어떤 지침도 주지 않았다. 케이지가 세상의 소리를 아무 가공 없이 드러내려고 했던 것처럼 바네사는 몸의 움직임을 있는 그대로 보여 주고자 했다. 차이는 케이지가 즉흥성을 강조했다면 바네사는 내적 감각에 집중한다는 점뿐이었다.

하지만 의도의 개입 없이 몸을 움직여 춤을 추는 것이 가능할까? 실제적으로 인간의 활동에서 의식을 배제하기는 거의 불가능하다. 설사 그것이 가능하다 하더라도 의도의 부재를 유지하기 위해 일정한 준비 또는 조건이 필요하다. 왜냐하면 주어진 장소와 시간에 그저 노출되는 의식은 의도가 없는 의식 상태가 아니라, 의식적이든 무의식적이든 온갖 의도와 번뇌에 얽힌 것이기 때문이다. 참선을 해 본 사람은 누구나 알듯이 번뇌를 끊기 위해 얼마나 고된 노력이 필요한가! 그 노력도 일종의 의도이므로 결국 의도가 없는 무의도는 불가능한 셈이다.

따라서 사전에 춤에 대한 지시가 주어지지 않으면 몸이 순수하게 반응한다는 바네사의 생각은 납득하기 어려웠다. 그래서 나는 논문심사 때 바네사에게 '느낀 것을 그대로 표현하기 위해 학생들에게 어떤 준비를 시켰느냐'고 물어보았다. 바네사가 내 말의 의미를 잘 이해하지 못한 것 같았지만 그의 지도교수는 내 질문에 공감하는 반응을 보였다.

의도의 부재는 필연적으로 춤과 춤이 아닌 것의 경계를 허물어뜨리는 결과를 가져온다. 케이지는 그것을 삶과 예술의 일치라고 주장하겠지만, 현실적으로 그것은 예술의 종언을 의미한다. 이 현상은 현대미술에서도 마찬가지로 나타난다.

선불교는 현대예술에 풍부한 영감을 제공했으며 예술의 관심을 내면으로 전환시켰다. 내면화와 주관화는 새로운 미적 가치의 정당성을 인정받을 수 있는 근거이지만, 다른 한편 관객과의 소통을 차단했다. 춤은 점점 어려워져서 고급예술과 대중예술로 양분되었으며 허바드 교수나 나와 같은 문외한은 좀처럼 접근할 수 없는 암호가 되어 버렸다. 어떻게 보면 바네사의 궁핍도 그것과 관련이 있다. 이 모든 문제가 주관화의 방향과 연관된다고 생각된다. 따라서 현대예술의 미적 관점이 선불교에 대한 올바른 이해에 기초하고 있는지 면밀하게 검토되어야 할 것 같다.

4
스님의 눈으로 본 미국 문화

미국에도 불교가 꽤 알려져서 거리를 걸을 때 내가 스님인 줄 알아보고
다가오는 이들이 있었다. 노샘프턴에서는 거리에서 합장하는 사람을 종종 만났다.
불교의 나라가 아니어도 미국 문화가 불교적인 문화로 전환될 가능성은 없을까?
미국에서 지내는 동안 내 머릿속에서 떠나지 않았던 질문 중 하나였다.
그래서 나는 미국에서 스스로 'a nun of curiosity'라고 말할 정도로
열심히 보고 듣고 배우고 경험했다.

미국에서 스님으로 산다는 것

승가는 국제적인 단체이다. 비록 가사의 색이 다르고 승복 디자인이 다르지만 삭발염의를 하면 세계 어느 곳을 가더라도 승려인지 확인이 된다. 미국에서 나는 승려라는 이유로 많은 혜택을 누렸다.

미국에서 지내는 동안 나는 여러 불교단체를 방문하고 가능한 많은 안거프로그램에 참여했다. 하지만 가난한 유학생으로서 그 경비를 모두 감당하기 어려웠다. 그때마다 메일을 보내 승려라는 사실을 밝히고 도움을 요청하면 대부분의 불교 센터에서는 참가비 일부를 감해주었다. 지인들이 대신 내준 적도 있었다.

베트남 사원이나 티베트 사원에서 열린 행사는 무료로 참여하는 것은 물론이고 재가자들과 따로 지낼 수 있도록 독실 게스트 룸을 내주었다. 일미 스님의 소개로 갔던 베레불교학 센터에서는 불교학자들을 위한 별채 오두막을 내주었다. 마침 그 기간에 열렸던 안거도 따로 참가비를 지불하지 않고 참가했다.

미국에도 불교가 꽤 알려져서 거리를 걸을 때 알아보고 다가오는 이들이 여럿 있었다. 뉴욕 인터내셔널 센터에서 만난 나의 영어 튜터 셀비의 집에 잠시 머무는 동안, 그 근처에 있는 한국절을 찾아 나선 적이 있다. 길에서 헤매고 있는데 뒤에서 "스님!"하고 부르는 소리가 들렸다. 뒤돌아보았더니 백인 여성이 미소 지으며 다가왔다. 그는 벌써부터 나를 지켜보고 있었는데 내가 길을 못 찾고 있으니까 얼른 다가온 것이었다. 그는 숭산 스님 문하에서 공부했다고 자신을 소개하면서 내가 찾는 절을 알려 주었다.

그뿐만 아니라 뉴욕 차이나타운의 밤거리도 안전하게 걸을 수 있었다. 보스턴 여행에서 돌아오던 날, 차이나타운에서 하차해 근처 지하철역까지 걸어갔다. 날은 이미 저물어 어둑어둑했다. 중국 상점 앞을 걸어가는데 흑인 몇 명이 히히덕거리고 있었다. 그들은 나를 보고 히죽거리며 "스님입니까?"하고 묻더니 쿵푸 동작을 흉내 냈다. "예"하고 대답하면서 팔을 한 번 크게 휘저었더니 그들이 뒷걸음치며 물러서면서 장난스럽게 합장을 했다. 그들은 내가 소림사 스님이라도 되는 줄 안 모양이다.

노샘프턴에서는 거리에서 합장하는 사람을 종종 만났다. 어느 날 스미스 칼리지 가까이 있는 작은 마트에 들러 먹을거리를 구입하고 나왔더니 그사이에 비가 오고 있었다. 처마 끝에서 비를 피하고 있는

데 뚱뚱하고 수염이 덥수룩한 남성이 다가오더니 합장을 했다. 그러면서 나에게

"스님이 맞지요?"

라고 물었다.

비를 피하는 동안 우리는 한국불교와 티베트불교 이야기를 나누었다. 비가 멎어 헤어지려는데 그가 자기소개를 했다. 맞은편 '헝그리 고스트' 빵집에서 빵을 만든다면서 시간이 나면 들러 달라고 했다. '헝그리 고스트', 말 그대로 배고픈 귀신, '아귀'를 말한다. 빵맛이 좋다고 마기가 귀띔해 준 곳이었다. 그 빵집에서 피스파고다 개원법회 때 사용된 빵을 보시했다는 말을 들었는데 그 사람이 주인이었던 것이다.

시카고에서 열린 미국 종교학회에서는 승복 덕을 단단히 보았다. 책을 전시하는 부스에서 샴발라 출판사에서 영역으로 간행된 『벽암록』을 발견하고는 책값을 물어보았더니 출판사 직원이 그냥 가지고 가라고 했다. 스님이기 때문에 보시한다고 했다. 다른 출판사에서 번역한 『육조단경』도 보시를 받았다. 각박한 자본주의 국가에서 뜻하지 않게 보시를 받을 때마다 부처님의 교화의 힘을 다시 생각하게 되고 더 큰 책임감을 느끼게 되었다.

패션의 도시 뉴욕에서도 승복은 여러 사람들의 이목을 모았다. 어느 날 뉴욕에서 버스를 기다리고 있는데 길 가던 행인이 내 앞을 지나가다가 다시 돌아와서 물었다.

"그 옷 참 아름답네요."

그리고 가다가 다시 돌아와서 물었다.

패션의 도시 뉴욕에서도 승복은
여러 사람들의 이목을 모았다. 어느 날 뉴욕에서
버스를 기다리고 있는데 길 가던 행인이
내 앞을 지나가다가 다시 돌아와서 물었다.
"그 옷 참 아름답네요."

"그 옷을 사려면 어딜 가야 하나요?"

나는 웃으며 한국에서 온 스님이며 옷은 승복이기 때문에 팔지 않는다고 말했다. 그는 실망한 표정으로 돌아갔다.

그 뒤 얼마 지나지 않아 길거리에서 어느 중년 여성이 다가오더니 옷고름을 만지며 참 편해 보인다고 감탄하면서 역시 옷을 구하려면 어딜 가야하느냐고 물었다. 나는 똑같은 대답을 해야 했다.

하루는 조금 늦게 숙소에서 나섰다. 뉴저지 포트리에서 조지 워싱턴 다리를 건너는 버스를 타려고 기다리고 있는데 말끔한 차림의 흑인 여성 한 사람이 다가왔다. 버스 옆자리에 앉게 되어 인사를 나누었다. 그는 나의 특별한 외관을 보고 내가 어떤 사람인지 궁금해 했다. 여름 승복을 보고 정말 좋아 보인다고 하기에 얼마 전 맨해튼에서 생긴 일을 이야기해 주었다. 그는 무척 재미있어 했다.

그는 직장에 출근하는 길이라고 했다. 정오가 지난 시간이었기 때문에 내가 의아해하자, 웃으면서 BBC방송국에서 뉴스 배경화면을 만드는 일을 한다고 했다. 같은 지하철을 환승하게 되어 우리의 대화도 이어졌다. 짧은 시간이었지만 그 대화를 통해 흑인들에 대해 알지 못했던 많은 것을 알게 되었다.

그리고 기약도 없이 헤어졌는데, 한참 뒤 같은 시각, 같은 버스 정류장에서 그를 다시 만났다. 그동안 어떻게 지냈는지 안부를 물었더니 기다렸다는 듯이 직장에서 생긴 일을 들려주었다.

그날 나와 헤어진 다음, 그는 직장에 출근해서 동료들에게 나에게 들은 이야기를 전해 주었다고 했다. 어떤 멋쟁이 뉴요커가 한국에서 온 스님에게 승복이 멋있다면서 어디서 살 수 있는지 물었다는 이야기를 한 것이다. 그 이야기를 들은 BBC방송 직원들은 성직자의 옷을 사려는 그런 멍청한 사람이 어디 있냐며 깔깔 웃음을 터뜨렸단다.

우리는 다시 한바탕 웃고 이런저런 이야기를 나누다가 헤어졌다. 지금은 이름도 얼굴도 기억나지 않지만 그 일은 오래 기억에 남는다. 비록 승복이 무엇인지 알지 못해 생긴 해프닝이지만 패션의 도시 뉴욕 한가운데에서도 우리 승복의 아름다움을 알아보는 사람이 있었다.

노샘프턴 거리에서도 승복을 입은 내 모습이 유독 눈에 띄었던 모양이다. 지인들은 멀리에서도 나를 알아보았고 차를 몰고 지나가던 사람은 차를 멈추고 불교에 대해 궁금한 것들을 물었다. '여성을 위한 안거'에서 내 누비옷은 모든 사람들의 부러움의 대상이었다. 다들 만져보고 누비옷을 구하고 싶어 했다. 승복이라고 했더니 그 옷을 입기 위해 스님이 되어야겠다고 농담하는 사람도 있었다.

이처럼 미국에서 나는 승복 때문에 곤란을 겪은 일보다 그 덕을 본 일이 더 많았다. 오히려 한국에서 승복 때문에 기독교인으로부터 모욕적인 일을 당한 일이 여러 번 있지만 미국에서 승복은 호감의 대상이다. 하지만 승복은 그 옷에 맞는 행동을 요구한다. 만약 승복에 걸맞지 않은 행동을 하면 더 눈에 띄어 승가 전체의 위신을 손상시키는 상황이 벌어질 수도 있다.

그런 책임감을 느꼈던 것은 서부 여행 때였다. 원래 관광에 관심이 없었기 때문에 미국의 여러 지역을 여행하지 못한 것이 아쉽지 않았다. 하지만 미국을 떠나기 전 나이아가라 폭포와 그랜드캐니언은 꼭 보고 싶었다. 나이아가라는 매사추세츠에서 멀지 않은 곳에 있었지만 결국 가지 못했다. 마침 2009년 미학과 후배가 방문학자로 버클리에 와 있어서 한국으로 돌아가는 길에 미국 서부를 여행하면서 그랜드캐니언과 로스앤젤레스를 찾아갈 계획을 세웠다. 그랜드캐니언으로 가는 몇 가지 방법이 있지만 항공편으로 라스베이거스까지 가서 그곳에서 출발하는 관광버스를 이용하기로 했다. 나는 비용을 절약하기 위해 직행이 아니라 LA에서 환승하는 비행기 표를 구했다.

샌프란시스코에서 LA로 가는 비행기 옆자리에 앉아 있던 미국 여성이 내가 읽고 있던 책을 보더니 말을 걸어왔다. 행선지를 물어보기에 라스베이거스로 간다고 했더니 얼굴색이 달라졌다. 조금 전까지 친절하던 얼굴이 경멸적인 표정으로 바뀌었다. 다시 목적지가 그랜드캐니언이라고 하자 표정이 바뀌면서 영적인 느낌이 드는 곳이니까 가 볼 만한 여행지라며 고개를 끄덕였다.

미국인의 눈에도 승려가 라스베이거스에 가는 것이 좋지 않게 보였던 것 같다. 라스베이거스 호텔은 그다지 비싸지 않아서 많은 사람들이 호텔을 이용하라고 충고해 주었지만 나는 굳이 유스호스텔을 선택했다. 경비도 절약해야 했지만, 호텔 카지노를 구경할 이유가 없었기 때문이다. 베르사유 궁전이나 베니스, 파리 시가지를 모방한 호텔 건물의 키치적 취미도 내 관심사와 멀었다. 하지만 라스베이거스는 역시 유흥의 도시였다. 밤새 시끄러운 음악 소리 때문에 잠들지 못했는데, 내가 묵은 유스호스텔 옆에 클럽이 있었을 줄이야.

미국으로 떠나기 전 청아 스님에게 여러 가지 조언을 구했다. 그의 조언 중 하나는 거짓말하면 안 된다는 것이었다. 채식을 한다고 해 놓고 뒤에서 고기를 먹느니 차라리 처음부터 고기를 먹는다고 하는 편이 낫다고 충고해 주었다. 개인적으로 그럴 일이 없었기 때문에 걱정하지 않았지만, 미국 문화의 특징을 이해하는 데 도움이 되었다.

미국 문화의 뿌리가 청교도라는 사실을 생각해 보면 왜 미국인들이 정직과 성실을 강조하는지 짐작할 수 있다. 예의상의 칭찬을 늘어놓는 미국 동부와 무뚝뚝하지만 정직하고 소박한 미국 서부 사이에 정도의 차이가 있긴 하지만, 거짓말은 미국인이 가장 싫어하는 것 중 하나이다. 그래서 미국에서 생활하면서 작은 약속도 어기지 않으려고 노력했다. 하지만 피치 못할 사정으로 약속 시간보다 늦은 적이 한 번 있었다.

2008년 가을 처음으로 젠피스메이커 모임에서 노숙자 센터 무료 급식 봉사를 하게 되었다. 하루 종일 마기의 집에서 음식을 준비하고 저녁 식사 시간이 되기 전에 노숙자 센터로 갔다. 그곳에 그릇이 다 준비되어 있기 때문에 배식을 하기만 하면 되었다. 배식이 끝난 다음 우리는 노숙자들과 함께 식사를 했다. 같은 테이블에 앉아 함께 식사를 하면서 이야기를 나누었는데, 그들은 우리와 다르지 않은 평범한 사람들이었다.

두 번째 급식은 다음 해 4월에 이루어졌다. 마침 그날 저녁에 파이브칼리지 불교학자 세미나가 있어 나는 배식과정에는 참여하지 못했다. 그 대신 마기의 집에서 음식 만드는 일을 돕겠다고 약속했다.

매사추세츠의 봄은 더디게 오지만 그해에는 늦은 봄까지 폭설이 내

눈 쌓인 스미스 칼리지 캠퍼스

렸다. 제설차가 신속하게 눈을 치웠지만 그럴수록 쌓인 눈 때문에 인도는 빙판이 되었다. 그런 사정을 모르고 나는 평소처럼 시간을 계산해 기숙사를 나섰다. 길도 미끄러웠지만 도로 양쪽으로 쌓인 눈을 피해 걷느라 평소보다 두 배 이상 시간이 걸렸다.

 마기의 집에 도착했을 때 나는 온몸이 꽁꽁 얼고 등산화는 푹 젖어 있었다. 초인종을 누르자 마기가 나왔다. 내 몰골을 보더니 깜짝 놀라며 어서 들어오라고 했다. 차를 내주며 마기가 어떻게 된 일인지 물었다. 내가 약속 시간에 나타나지도 않고 기숙사로 전화를 해도 받지 않자 약속을 잊어버렸다고 생각하고, 캐서린과 둘이서 음식을 만들고 있었다. 내가 자초지종을 설명하자 그렇게 고생해서 온 줄 몰랐다면서 다음에도 또 그런 일이 있으면 차로 데리러 가겠다고 하며 미안해했다.

 그 뒤로 마기는 사소한 일에도 귀찮아하지 않고 나를 태우러 기숙사까지 오곤 했다. 점점 신뢰가 형성되면서 그들은 한결같이 나를 믿어 주었다.

    미국인들은 한 번 믿으면 끝까지 믿어 준다. 문화적 차이가 있긴 하지만 신뢰는 세상 어느 곳에서도 중요하다. 불교 교리를 설명하고 명상을 가르치는 것도 중요하지만, 더 중요한 것은 스님들의 행동이 아닐까?

한국이었다면 어땠을까?

1980년대부터 시작된 세계화로 인해 미국식 문화는 우리에게도 낯익은 것이 되었다. 다국적 기업이 세계 곳곳에 진출해 있고 맥도날드, 스타벅스 간판도 어디에서나 볼 수 있다. 서울에서 흔히 보던 풍경이기 때문에 뉴욕의 마천루도 특별하게 보이지 않았다. 그래서 뉴욕 관광 명소인 엠파이어스테이트빌딩이나 록펠러재단 건물도 가 보지 않았다. 2008년 여름 뉴욕에 머물 때 늘 지나다니는 거리에 있었지만 센트럴파크와 쌍둥이 빌딩 현장도 지나쳐 가기만 했다.

미국을 떠나기 전 나의 영어 튜터였던 쉘비는 내가 뉴욕 관광을 해 보지 않았다는 사실을 알고 함께 스테이튼 아일랜드까지 배를 타고 가자고 했다. 자유의 여신상도 그때 본 것이 전부이다. 쌍둥이 빌딩 폭파

쉘비 덕분에 뉴욕 구석구석을 다녀 보았지만
뉴욕과 서울은 큰 차이가 없었다.

현장도 그때 처음 방문했다.

　아무튼 쉘비 덕분에 뉴욕 구석구석을 다녀 보았지만 뉴욕과 서울은 큰 차이가 없었다. 서울은 지하철이나 교통, 인터넷 등 모든 면에서 세계 최첨단의 도시기 때문에 미국의 현대 문명은 나에게 낯설지 않았다. 하지만 미국의 진면목은 그런 곳에 있지 않았다. 나는 우연한 기회에 미국의 진면목을 보게 되었다.

　2008년 늦가을, 당일로 뉴욕에 다녀올 일이 생겼다. 아침 일찍 출발했기 때문에 일이 생각보다 일찍 끝났다. 하지만 포트 오솔리티에서 버스를 기다리는 데에만 3시간 정도 걸렸다. 그래도 늦지 않게 차를 탔기 때문에 교통 정체가 조금 있더라도 저녁 늦게는 도착할 수 있을 것 같았다.

터미널을 출발한 지 얼마 지나지 않아 버스는 평소 다니던 거리로 가지 않고 다른 쪽으로 방향을 틀었다. 거리 축제를 위해 교통 통제를 했기 때문이다. 버스가 코너를 돌 때였다. 크게 원을 그으며 도는데, 젊은 흑인들이 탄 스포츠카가 틈새로 비집고 들었다. 그 순간 버스와 스포츠카가 부딪쳤다. 바로 내가 앉은 창가에서 사고가 일어났다. 아주 살짝 스치는 정도로 부딪쳤기 때문에 부딪친 느낌만 있고 어떤 특별한 충격은 없었다.

버스 기사는 아무 말 없이 차를 세웠다. 그리고 천천히 일어나 밖으로 나갔다. 스포츠카에 탔던 젊은이들도 곧 차를 세우고 차 밖으로 나왔다. 차창 너머로 바라보았더니 버스 기사는 그들과 아무 대화도 하지 않고 접촉 지점을 살핀 다음 어디론가 전화를 걸었다.

곧 경찰차 사이렌이 울렸다. 그리고 구급차가 왔다. 이어서 소방차가 왔다. 잠시 후 경찰은 차를 안전한 지역으로 옮기게 했다. 그 후로 버스 안의 승객들은 사건이 어떻게 진행되는지 알지 못한 채 하염없이 기다리기만 했다. 아무도 말이 없었다. 차가 언제 떠나느냐고 묻는 사람도 없었고, 문을 열어 달라고 하는 사람도 없었다. 승객들은 미동조차 하지 않았다.

한참 뒤에 버스 기사가 돌아왔다. 여전히 말이 없었다. 잠시 후에 경찰이 차에 올라왔다. 다친 사람이 없는지 확인하고는 우리에게 종이를 건네주며 이메일 주소를 쓰라고 했다. 혹시 집에 돌아간 다음이라도 통증이 있으면 연락하라고 했다. 사람들은 말없이 웃기만 했다. 그 작은 접촉 사고에 다친 사람이 있을 리 없기 때문이었다. 버스 안에서 주소를 쓰는 종이가 돌아가는 동안에도 말없이 이메일 주소만 쓸 뿐이었다. 옆자리 사람이 나에게 종이를 전해 주며 웃었다. 나도 종이를 받으며 웃었다.

경찰이 차에서 내린 뒤, 조금 후 의사가 올라왔다. 다친 사람이 있느냐고 물었다. 아무도 대답하지 않자 똑같이 다음에 아픈 데가 생기면 연락하라는 말을 하고 내려갔다. 다시 보험회사 직원이 올라오고, 똑같은 일이 반복되었다. 시간이 두 시간 이상 지났지만 아무도 불평하지 않았다. 그사이에 승객 한 사람만 내리고 나머지 승객들은 또다시 하염없이 기다리기만 했다.

세 시간 정도 지난 다음, 모든 문제가 해결되었는지 버스 기사가 돌아왔다. 그는 아무 말도 하지 않았다. 자초지종을 설명하거나 화를 내지도 않았다. 그사이 승객들은 잠자코 제자리에 있기만 했지 어떤 행동도 취하지 않았다.

드디어 버스가 출발했다. 이미 어두워진 시각이었기 때문에 나는 언제 노샘프턴에 도착할 수 있을지 걱정이 되었다. 버스 정류장에서 기숙사까지 꽤 걸어야 했기 때문에 밤길을 걸을 일이 걱정이 되었다.

다행히도 러시아워가 지난 때여서 뉴욕 시가지를 벗어나는 데 시간이 별로 걸리지 않았다. 고속도로에 들어서자 버스는 속도를 내기 시작했다. 사람 사는 일은 마찬가지였다. 늦은 만큼 속력을 냈다. 버스는 밤길을 내달렸다. 그래서 평소 주말보다 주행 시간은 더 짧았고, 예상한 것보다 일찍 노샘프턴에 도착했다. 밤길이었지만 아직 행인이 있는 시간이어서 안전하게 기숙사에 들어갈 수 있었다.

한국이었다면 어땠을까? 버스 기사는 욕을 섞어 가며 소리를 질렀을 것이다. 상대방도 이에 맞서 한바탕 소동을 벌였을 것이다. 또 승객들은 어땠을까? 난리가 났을 것이다. 무슨 일이냐, 언제 떠나느냐, 사고 처리는 왜 이렇게 오래 걸리느냐, 우리가 이메일 주소를 써야만 하느냐 등등 불평불만이 하늘을 찔렀을 지도 모른다

그런데 미국 사람들은 아무도 불평하지 않고 그냥 기다리기만 했다. 경찰과 보험사 직원이 일을 잘 처리할 수 있도록 시민들은 기다려 주었다. 정말 경미한 접촉 사고였는데, 경찰차, 소방차, 구급차, 보험회사차까지 순식간에 달려왔다. 경찰차, 소방차, 구급차까지 나타나 호들갑을 떠는 것이 어찌 보면 유난스럽게 보일 수도 있지만, 그들은 대충하지 않고 모든 것을 완벽하게 처리했다. 승객들의 안전을 확보한 다음, 부상자가 없는지를 확인하고 또다시 확인하고도 모자라 만일의 사태를 위해 연락처까지 확보했다. 모든 것이 완벽하게 처리되지 않으면 다음 일을 진행하지 않았다.

이 일을 계기로 나는 미국에 대해 다시 생각하게 되었다. 나는 버스 기사의 느긋함에도 놀랐지만 승객들의 반응에 더 놀랐다. 한국인들은 조급증 때문에 기다리지 못하고 분통을 터트릴 텐데, 미국인들은 지루해하면서도 묵묵히 기다렸다. 주말이기 때문에 모두 바삐 집으로 돌아가야 하는 상황이었지만 아무도 불평하는 사람이 없었다. 경찰과 의사의 과잉 친절에도 웃기만 할 뿐 지시대로 따랐다. 어차피 불만을 말한다고 바뀔 상황이 아니기 때문에 웃으며 기다리는 것이 현명한 일이었다. 버스 정류장에서 한없이 기다리는 모습을 비합리적이라

고 비웃었지만, 기다릴 줄 아는 그들의 끈기는 놀라운 것이었다.

그것이 바로 대륙적 기질이다. 느린 것 같지만 한 번 시작하면 완벽하게 하는 것. 기숙사에서도 가끔 무언가를 수리할 일이 있으면 학교 시설과에 연락을 했다. 직원이 오기까지 시간이 많이 걸렸다. 사흘은 보통이고 일주일이 걸린 적도 있다. 하지만 그들은 약속을 하면 꼭 왔다. 한국에서는 약속 시간이 한참 뒤로 잡히면 오지 않을까봐 걱정이 앞서서 독촉 전화를 하게 되지만 미국에서는 그런 일이 없었다. 발동하기까지 시간이 걸렸지만 꼭 왔고, 오면 일처리는 확실하게 했다.

중국 여행 때 깨달은 바지만, 대륙에서는 조금 빨리 출발한다고 해도 도착 시각에는 큰 차이가 없다. 중국 대륙에서 기차 여행은 하루씩 걸리는 일이 많다. 저녁에 출발하면 하룻밤을 기차에서 자고, 다음 날 아침에 도착한다. 열두 시간, 또는 그 이상 기차를 타는 데 한 시간 빨리 간다고 달라질 일이 없다. 아침 네 시에 도착하나 다섯 시에 도착하나 별 차이가 없는 것이다. 우리는 서울-부산을 네 시간이면 가기 때문에 한 시간의 차이가 크게 느껴지지만 중국이나 미국에서의 한 시간은 큰 차이가 없다. 늦지만 찬찬히, 한 번 발동하면 확실히 하는 것이 서두르는 것보다 더 나은 것이다. 이것이 대륙 사람들이 '만만디'가 되는 이유이다.

경미한 접촉 사고였지만 타자의 충격은 뉴욕의 마천루보다 컸다.

미국 대통령 선거 중 젊은 흑인 오바마를 대통령으로 만드는 과정을 지켜보면서 나는 그들의 대륙적 기질을 다시 한 번 확인했다. 연륜도 더 많고 정치적 영향력도 훨씬 많은 에드워드 케네디가 대통령 후

보에 나서지 않고 정치 신인에 불과한 오바마를 단지 그 가능성만 믿고 지지하는 모습을 보면서 그들의 영웅주의에 감탄했다.

중국과 마찬가지로 미국도 탁월한 개인이 출현하면 그를 중심으로 사람들이 모인다. 그들은 힘을 결집해 한 사람을 흔연히 영웅으로 만든다. 한 사람의 영웅이 나타나면 기꺼이 영웅을 위해 아낌없이 자신의 재능과 노력을 바친다. 그래서 영웅보다 더 위대한 것은 영웅을 만드는 사람들이다.

우리는 어떤가? 아쉽게도 아직까지 우리는 뛰어난 인물이 나타나면 그의 장점을 발굴하고 키워주기보다 힐뜯고 깎아내리지 못해 안달이다. 남 잘한 꼴을 보지 못한다. 누구나 나도 그만큼 잘났다고 자신을 내세운다. 그러나 영웅은 기꺼이 영웅을 만드는 사람들이 있기 때문에 존재하는 것이다.

세계무대에서 활동하려면 한민족에게도 이와 같은 사고가 요구된다. 뛰어난 자질을 가진 한인이라도 서구 주류 사회의 유리천장을 뚫기는 힘들다. 재외 한인들은 낯선 외국 문화에 적응하기 위해 한국에서 살 때보다 열 배 백 배 노력한다. 한국인으로서의 정체성을 유지하는 데에도 큰 어려움을 겪는다. 그 심리적, 정서적 갈등은 상상 이상이다. 이민 1세대뿐 아니라 2세, 3세들도 마찬가지이다.

이들에게 필요한 것은 한인들의 단결된 목소리이다. 오랜 외국 생활을 한 사람들의 이야기에 따르면, 한인의 적은 한인이라고 한다. 사촌이 논을 사면 배 아파하는 한국인의 삐뚤어진 심성이 문제인 것이다. 이제 편협한 질시를 거두고 한인들이 더 넓은 세계로 나아가 능력을 발휘할 수 있도록 격려하고 도움을 주어야 한다. 눈을 더 크게 뜬다면 그들의 성공이 곧 우리들의 성공이기 때문이다.

평소에는 느긋하다가도 때가 되면 힘을 결집하는 미국 사람들의 대륙기질을 벤치마킹해야할 때가 아닐까?『장자』에 대붕이 하늘을 날려면 큰 바람을 기다린다고 한다. 그래야 한 번 날아오르면 구만리를 갈 수 있다. 우리에게도 그러한 넓은 시각이 필요하다.

시카고 종교회의와 일본불교의 세계화

북미 대륙에서 활동하는 모든 종교인과 학자들이 참여하는 가장 큰 규모의 학회인 미국 종교학회Academy of American Religion의 2008년 학술대회가 시카고에서 열렸다. 가능하면 많은 학회를 다녀 보라는 해인사 강주 법진 스님의 조언에 따라 그 학술대회에 스미스 칼리지 교수들과 함께 참석했다.

학술대회의 규모는 상상을 초월했다. 참석자가 천 명이 넘어 오성급 호텔 두 곳을 학회 장소로 이용하고도 근처의 여러 호텔을 숙소로 이용할 정도였다. 또한 미국에서 활동하는 학자뿐만 아니라 전 세계의 모든 종교학자들이 참여하고 있었다. 물론 과반수가 기독교 전공학자들이었지만 불교 전공학자들도 200여 명 이상 참가했기 때문에 불교

시카고 여행은 나에게 학회 참석 외에도
시카고와 관련된 두 가지 역사적 사건으로 인해
특별한 의미가 있었다.

학에 관한 학술대회로도 가장 큰 규모였다.

2008년 6월 애틀랜타 에모리 대학교에서 개최된 세계불교학자 대회International Association of Buddhist Scholars와 시카고 미국 종교학회에 참가한 경험으로 미루어볼 때, 이만한 미국 불교학계의 인프라라면 한국을 비롯한 아시아 불교학계를 능가하는 것은 시간문제 같았다. 우리가 우물 안 개구리처럼 불교의 종주국이라고 자부하며 안주하고 있을 때 그들은 동아시아불교뿐 아니라 인도와 남방불교, 티베트불교에 이르기까지 괄목할만한 연구 성과를 내놓고 있었다.

시카고 여행은 나에게 학회 참석 외에도 시카고와 관련된 두 가지 역사적 사건으로 인해 특별한 의미가 있었다.

첫째는 미국 대통령 선거 때문이었다. 시카고는 미국 역사상 최초의 흑인 대통령으로 당선된 버락 오바마가 입신한 지역이다. 민주당과 공화당 후보 경선으로부터 대통령 선거에 이르는 미국 대통령 선거 전 과정은 어느 드라마보다 더 흥미진진했다. 각 후보들이 쏟아내는 정책과 토론, 언론 매체들의 검증과 비판, 인터넷 댓글들, 그리고 내 주변의 미국인들과 나누었던 대통령 선거에 대한 대화들은 미국 사회를 정확하고 깊이 있게 이해할 수 있는 좋은 기회였다. 그 과정에서 나는 오바마의 선거 모토인 '변화'가 부시 정책에 대한 단순한 반대거나 무조건 자유와 진보를 주장하는 구호가 아니라 분열과 적대감, 일방적인 패권 대신 상호 이해와 통합, 연대의식을 고취하고 그에 따르는 책임과 노력을 강조한다는 사실을 알 수 있었다.

마침 학회 기간이 미국 대통령 선거를 앞두고 있었던 탓에 학회 참가자들 사이에서도 선거 이야기가 연일 화제가 되었다. 선거 열기 때문이었는지 오대호의 칼바람마저 잦아들어 날씨는 예년에 없이 맑고 포근했다. 오바마의 대통령 당선 연설이 예정된 그랜트 공원은 학회가 열린 호텔 건너편에 있었는데, 학회가 끝난 다음 날 학회가 열린 호텔 중 한 곳에 오바마의 선거 본부가 들어온다는 이야기도 들렸다. 하루 차이로 비껴갔지만 역사적인 현장에 있다는 사실만으로 마음이 설레었다. 노샘프턴으로 돌아온 다음 날, 내가 사는 이 조용한 마을에서도 한밤에 터져 나오는 환호성 때문에 잠을 설쳐야 했다.

시카고와 관련된 또 한 가지 중요한 역사적 사건은 1893년에 개최된 세계종교회의이다. 19세기말 서양 제국들은 세력을 과시하기 위해 유럽의 주요 도시에서 앞다투어 만국박람회를 개최했다. 당시 막 세계

무대에 발돋움하고 있었던 미국은 국가적 역량을 과시하기 위해 콜럼버스가 아메리카 대륙을 발견한 400주년을 기념해 만국박람회를 시카고에서 개최했고 이어서 세계종교회의를 열었다. 그리고 박람회와 세계종교회의를 위해 새로운 건축물들을 세웠다. 지금도 시카고는 건축의 도시로 유명하지만 안타깝게도 '화이트 시티'라고 불렸던 기념비적인 건축물들은 이듬해 7월, 화재로 불타 없어졌다. 그레고리 교수의 설명으로는 그중 건물 한 동이 남아 있다고 했다. 하지만 시간이 없어 그마저 찾아보지 못하고 미국불교의 중요한 역사적 현장에 있었다는 사실만으로 만족해야 했다.

한 가지 특기할 것은 우리나라가 '대조선'이라는 국명을 내걸고 이 박람회에 참가했다는 사실이다. 우리 조상들이 격변의 시대에 앉아서 당하고만 있지 않고 적극적으로 세계 변화에 대응했다는 사실이 놀랍고도 반가웠다.

1893년, 역사적인 시카고 세계종교회의에는 기독교를 비롯해 전 세계 45개 교파에서 200명 이상의 대표가 참가했다. 그 회의의 분위기에 대해 서양의 한 학자는 "종교 간의 대화를 개시하려는 강한 이상주의적 충동"과 "서구 기독교를 벗어나 좀 더 보편적이고 종파적 외양이 덜한 세계의 신앙들을 접하고자 하는 열정"이 있었다고 기록하고 있으며 이 회의에 참가했던 일본불교 대표들이 미국인의 열광적인 환영을 받았다고 전해진다. 당시 일본의 한 신문은 이 사건을 "극동의 일본불교가 극서의 미국에서 불타의 법륜을 굴렸다"라고 대서특필하기도 했다.

그러나 최근 한 연구는 세계종교회의가 종교 간의 화해와 관용을 고취했다는 평가는 재고되어야 한다고 주장하고 있다. 세계박람회가 서구의 정치적·상업적 패권을 의도적으로 기념하는 행사였던 것과 마찬가지로 세계종교회의 역시 미국의 문화적·종교적 우월성을 선전하려는 의도에서 계획된 행사였다는 것이다.

거기에는 보편적 우애와 국제적인 선의도 있었지만, 세계종교회의는 무엇보다 유럽의 패권에 대한 신대륙의 도전이며 새로운 국제적 지도세력으로서의 미국의 등장을 알리는 신호탄이었다. 당시 유행했던 사회진화론을 빌어 세계 문명의 중심이 유럽에서 신대륙 아메리카로 이동한다는 사실을 주장하기 위해 미국인들이 내세운 증거는 박람회 건축물인 '화이트 시티'와 '개신교'였다. 이제 새로운 문명의 담당자로 자부하는 미국은 미개한 지역에 개신교를 선교할 소명을 스스로 떠맡았으며 태평양 건너 아시아의 불교국가들은 그런 의도에서 초대되었다.

재미있는 점은 일본 역시 미국과 똑같은 야심을 품고 있었다는 사실이다. 메이지 일본은 다른 아시아 국가와 달리 서양과 동등한, 아니 그보다 더 높은 수준에 도달한 문명국가로서 국제 사회에서 인정받겠다는 원대한 희망을 품고 이 회의를 치밀하게 준비했다. 메이지 시대에 심각하게 도전받았던 일본불교가 이 대회에서 일본을 대표하는 종교로 채택된 까닭은 일본이 서양보다 더 우월하다는 점을 과시할 수 있는 지식체계가 바로 불교였기 때문이다.

이와 같은 정치적 목적을 달성하기 위해 일본불교가 세계종교회의에서 우선적으로 해결해야 할 문제는 예수교 선교사들과 식민정책자들에 의해 연구된 일본불교에 대한 기존의 인식을 전환시키는 일이었다. 당시 서양학자들에게 일본불교는 근본불교에서 이탈한 변방의 아류 정도로 인식되고 있었다. 그러므로 일본불교가 테라바다불교보다 발달된 형식이라는 점을 설득하기 위해 그들은 서양의 식민지가 되어 버린 테라바다불교 국가와 차별화하는 데 역점을 두었다. 화이트 시티에 세워진 세 채의 일본 건축물은 일본의 문화적 우월성을 입증하기 위해 당시 일본 최고 장인들에 의해 섬세하게 고안되었다. 그 결과 미국인들의 호기심을 이끌어 내는 데 성공했다. 그러나 종교회의에서 테라바다불교와 일본불교를 차별화하려는 일본의 의도는 학문적 의례를 따르는 주체 측에 의해 무시되어 버렸다.

지금까지 회자되는 "서구의 관점에 동요를 일으킨 전환기적 사건"이라는 세계종교회의에 대한 평가는 사실과 거리가 먼 이야기이며 일본불교가 세계종교회의에서 미국인들의 열광적인 환영을 받았다는 이야기는 더욱더 사실과 거리가 멀다.

그렇다면 일본인들이 말하는 성공은 순전히 날조된 이야기인가? 그렇지는 않다. 세계종교회의에서 일본불교는 광범위한 관심을 불러일으키는 데 실패했지만 청중들 중 한 사람의 관심을 끌어내는 데에는 성공했다. 그가 바로 『붓다의 복음 The Gospel of Buddha』을 저술한 폴 캐루스 Paul Carus이다. 이 책은 전형적인 오리엔탈리스트의 저작이지만 당시 상당한 대중적 성공을 거두었는데, 그 성공의 전말은 다음과 같다.

이 책은 출판 후 곧 일본에 소개되었으며 그 내용이나 수준에 문제가 있었지만 일본 불교학자들은 서양인이 마하야나 불교에 관심을 가지고 있다는 사실을 일본 독자들에게 선전하기 위해 이 책을 일역하기로 마음먹었다. 이 책의 일본어판을 본 미국인들은 일본인들이 이 책의 권위를 인정한 것으로 받아들였다. 그래서 책은 날개 돋친 듯 팔려 나갔다.

이 사건은 일본이 그들의 제국주의적 야망을 위해 어떻게 오리엔탈리즘을 이용했는지를 잘 보여 준다. 세계종교회의에서 두드러진 성과를 거두지 못했지만 이를 계기로 일본은 세계무대에 진출하는 중요한 교두보를 마련하게 되었다. 특히 캐루스 책의 번역은 그 후 일본불교의 세계화에 결정적인 영향을 주었다. 하나는 이 번역을 통해 동아시아 불교가 현대 서양의 보편종교의 관점에서 재해석된 점이고, 다른 하나는 이를 계기로 이 책의 일본어 번역자이며 시카고 종교회의 일본대표 중 한 사람이었던 샤쿠 소엔의 제자 D. T. 스즈키가 캐루스 문하에서 12년간 개인적인 지도를 받게 된 일이다.

D. T. 스즈키는 캐루스의 지도 아래 불교를 서양에 선전하는 다양한 기술을 익혔다. 세계대전 후 스즈키가 다시 미국을 찾았을 때, 그의 탁월한 영어 저작과 강연은 불교학자뿐 아니라 대중적으로 큰 반향을 불러일으키게 된다. 선과 일본 문화는 불가분의 관계가 있는 것으로 서양 사람들의 마음에 각인되었으며 일본은 극동의 신비하고 세련된 문화의 나라로 알려졌다. 선은 때로는 새로운 종교적 대안으로서 때로는 세련된 문화 취미로서 서구에서 소비되었다.

이것이 바로 한 사람의 뛰어난 장군을 얻는 것이 천 명의 병사를 얻는 것보다 중요하고, 한 사람의 뛰어난 문사를 얻는 것이 백 명의 뛰어난 장군을 얻는 것보다 중요한 이유이다. 그동안 우리 종단에서도 인재 양성이라는 말이 무성했다. 그러나 어떻게 인재를 길러야하는지, 어떻게 한국불교를 세계에 알려야하는지에 대한 구체적인 계획이나 실질적인 지원이 없었다. 다종교 사회가 되어 버린 한국에서 불교가 살아남기 위해서, 세계에 한국불교의 존재를 알리기 위해서 뛰어난 승려와 불교학자를 양성하는 일이 절실하다.

현재 미국에서 한국불교의 위상은 미미하다. 일본불교의 세계화에 숨겨져 있는 제국주의적 야심은 분명 문제가 있지만, 19세기에 그들이 미래를 내다보며 기획했던 일을 우리는 21세기 오늘날에도 해내지 못하고 있다. 인재 양성은 하루아침에 이루어지는 일이 아니다. 긴 호흡으로 미래를 설계해 보아야 할 때가 아닌가 싶다.

한국불교가 미국에서 주목받지 못하는 이유

미국 유학 생활 중에 생긴 습관이 하나 있었다. 식사 시간이면, 기숙사의 다른 학생들처럼 부엌에서 밥과 반찬을 커다란 접시에 담아가지고는 식당 옆에 있는 거실로 가서 텔레비전을 켜 놓고 먹는 것이었다. 영어도 더 공부해야 했지만 무엇보다 텔레비전 뉴스를 듣기 위해서였다. 미국 사람들과 늘 불교 이야기만 할 수는 없었다. 그들과 대화를 하려면 시사를 알 필요가 있었다. 그래서 텔레비전을 보더라도 드라마보다 CNN 같은 텔레비전 뉴스를 많이 보았다.

2008년에는 대통령 선거가 있었기 때문에 정치 문제를 비롯한 다양한 뉴스거리가 있었다. 방송은 미국의 정치뿐 아니라 미국 문화를 이해하는 좋은 방법이었다. 그래서 나는 뉴스 외에 인터뷰와 토론 프로그램을 많이 보았으며, 내용뿐만 아니라 미국 언론이 정치적 이슈를 다루는 태도, 진행자가 토론이나 대화를 진행하는 방식들을 눈여겨보았다.

한국과 다른 점이 많았지만 그중에서도 사소하지만 눈에 띄는 차이가 있었다. 인터뷰할 인물을 소개할 때 한국에서는 주로 그 사람의 학력과 출신 지역, 가족 관계를 중요하게 다룬다. 그런데 미국 방송에서는 꼭 빠지지 않는 항목이 있었다. 그것은 다름 아닌 그 사람의 책이었다.

왜 그런지 이유를 곰곰이 생각해 보았다. 어떤 분야의 전문가가 필요할 때 미국에서는 어떻게 할까? 한국 같으면 입소문이나 주변 사람들의 평판을 먼저 들을 것이다. 그러나 미국 같이 큰 나라에서는 어떤 분야의 전문가를 찾을 때 입소문이나 주변 사람들의 평판에만 기댈 수 없을 것이다. 그런 것들은 주관적이기도 하거니와 미국 전역에서 활동하는 수많은 전문가 중 뛰어난 인재를 찾아내기에 역부족이기 때문이다. 이럴 때 좋은 방법이 바로 책이다. 책은 저자가 어떤 생각을 하는지, 어떤 재능이 있는지 정확하게 판단할 수 있다. 개인의 능력에 따라 사람을 평가하는 미국 사회에서 책은 가장 빠르고 안전한 방법이 아닐까? 책은 한 번 출판되면 미국 전역, 아니 전 세계적으로 유통되기 때문에 유명해지고 싶다면 첫 번째로 책을 쓰면 된다. 달라이 라마나 틱낫한의 세계적인 성공도 부분적으로는 베스트셀러가 된 그들의 영어 저서 덕이라고 할 수 있다.

더구나 미국 사람들은 책을 많이 읽는다. 피터 그레고리 교수의 시골집에 갔을 때, 이웃에 살고 있는 마기의 남동생 집에 들른 적이 있었다. 그는 다음 날 휴가를 떠난다고 하면서 가지고 갈 책들을 보여 주었다. 텔레비전에서는 오바마 대통령이 휴가 중 읽으려고 준비한 책이 다섯 권이나 된다고 전하면서 책 목록을 소개하고 있었다. 이처럼 대통령뿐 아니라 많은 미국 사람들이 시간이 없어 평소에 읽지 못한 책들을 휴가 때 읽는다. 대통령이 휴가 기간에 무슨 책을 읽는지가 주요 뉴스가 될 정도로 평소에도 많은 독서를 하는 것이다.

이처럼 미국인들이 책을 아끼고 많이 읽는 데에는 제도적 장치도 한몫을 하고 있다. 미국은 시립 도서관 등 공공 도서관이 잘 발달되어 있어 시민들이 도서관에서 쉽게 책을 빌려 읽을 수 있다. 대학 도서관도 학생들뿐만 아니라 지역 주민들에게 책을 빌려 주고 도서관도 자유롭게 이용할 수 있게 해 준다.

그래서 책은 불교가 미국에 전파되는 주된 경로이다. 미국 불자를 만나면 항상 어떤 계기로 불교에 관심을 갖게 되었는지 물어보았는데, 거의 대부분의 사람들이 '책'이라고 대답했다. 50~60대 사람들은 D. T. 스즈키의 책과 에머슨의 책에서 많은 영향을 받았다면, 그다음 세대는 긴스버그, 캐루악 등 비트 시인의 책을 읽고 불교에 관심을 가진 경우가 많았다.

마기 그레고리의 경우도 젊은 시절 읽었던 한 권의 책이 인생의 방향을 바꾼 경우이다. 그는 스즈키의 책을 읽으면서 선의 특별하고 신비로운 힘에 매력을 느꼈다. 그래서 대학 시절, 용감하게 친구 한 명과 함께 승려가 되려고 일본으로 갔다. 비구니가 되지 못했지만 그는 일본 여행에서 돌아온 뒤, 참선을 하기 위해 로스앤젤레스에 있는 선원

이처럼 미국인들이 책을 아끼고 많이 읽는 데에는 제도적 장치도 한 몫을 하고 있다. 미국은 시립 도서관 등 공공 도서관이 잘 발달되어 있어 시민들이 도서관에서 쉽게 책을 빌려 읽을 수 있다.

노샘프턴에 있는 공공 도서관

을 찾아갔다. 길을 잘못 찾아 원래 가려고 했던 곳이 아닌 다른 선원으로 가게 되었다. 마에즈미 로쉬가 지도하는 곳이었는데, 마침 그곳에서 수행을 하고 있던 피터 그레고리를 만나 결혼까지 하게 된 것이다.

미국에서 발행되는 불교 관련 저서는 매년 수십 종에 달한다. 인터넷 서점 아마존에서 이메일로 보내 주는 신간 정보를 보면, 최근 미국에서 가장 잘 팔리는 불교 서적은 티베트불교에 관한 것이다. 달라이 라마나 틱낫한 같은 아시아 승려 외에도 잭 콘필드, 골드스타인 등 현지 불교지도자의 책도 많이 읽힌다. 유사 불교의 책이나 심리치료 관련 책도 다양하게 발행되고 있는데, 노샘프턴으로 오는 버스에서 캔 윌버의 책을 읽고 있던 사람을 보기도 했다.

동아시아불교에 대한 관심이 줄어든 탓에 이 분야의 출판도 줄어들었지만 일본불교와 중국불교에 대한 서적은 계속 출판되고 있다. 일본불교에 대한 대중적인 관심은 시들었지만 연구자들을 위한 연구비 지원이 많기 때문에 일본불교에 대한 연구가 계속되고 있으며, 중국불교는 워낙 덩치가 크고 중요하므로 연구비 지원이 없어도 많은 연구자들이 연구하고 있으며 따라서 출판도 계속되고 있다.

안타깝게도 한국불교는 중국과 일본 사이에 끼어 주목받지 못하고 있다. 한국불교 연구자가 없으니까 한국불교에 관한 영문 서적도 출판되지 않고, 한국불교가 알려지지 않으니까 연구자도 줄어든다. 이렇게 악순환이 계속된다.

불교 서적의 영역은 일본, 대만, 스리랑카 등 아시아 불교국가들도 추진하는 중요한 사업이다. 일본은 일찌감치 그 중요성에 눈을 떠 D. T.

스즈키를 비롯한 걸출한 번역가들을 배출했으며 『신수대장경』의 영역을 위한 재단까지 설립했다. 뉴마타 재단에서는 지금까지 『정법안장』을 비롯한 40여 권의 책을 번역했다.

티베트불교의 경우, 많은 티베트 불서가 영역되었음에도 불구하고 2008년 티베트대장경 영역 사업에 착수했다. 서양에서 활동하는 티베트 스님들뿐 아니라 티베트불교를 전공한 서양학자가 총동원되고 있으며, 겔룩파를 비롯한 모든 종파가 이 번역 사업에 동참할 정도로 전력을 다하고 있다.

스미스 칼리지 도서관에는 상당한 양의 불교 관련 도서가 비치되어 있다. 하지만 한국불교 관련 서적은 매우 적다. 그나마 80년대나 90년대에 쓴 책들이 대부분이어서 한국불교를 외국에 알리는 데 어려움이 있다. 한국불교를 세계에 소개하려면 무엇보다 한국불교에 대한 영문 서적이 많이 발간되어야 한다. 한국불교에 대한 책들이 미국 도서관 서고를 꽉꽉 채우게 될 때 한국불교의 세계화에 한 걸음 다가가게 될 것이다.

그들은 왜 사랑을 갈구하나

2008년 한 해 내내 미국 텔레비전에서는 대통령 선거에 관한 기사를 쏟아내고 있었다. 힐러리와 오바마의 불꽃 튀는 경합도 흥미진진했고, 매케인과 오바마의 경쟁도 흥미로웠다. 외국인인 나에게 그 과정은 미국이라는 나라를 좀 더 깊이 들여다보는 계기가 되었다.

처음에는 정치적 이슈와 후보들의 개인적 카리스마의 대립으로만 보였던 선거의 과정이 실제로 그것보다 더 근본적인 차이의 충돌이라는 사실을 뚜렷하게 보여 주는 사건이 어느 날 일어났다. 바로 공화당 대통령 후보인 매케인이 사라 페일린을 러닝메이트로 지정하는 날이었다.

마침 워싱턴에 있는 대학 후배 집을 방문하던 중이었으므로 후배 가족들과 함께 텔레비전을 보다가 공화당 전당대회에서 사라 페일린이 등장하는 것을 목격하게 되었다. 너무 평범한 그의 첫인상에 나는 어떻게 저런 여성이 지도자가 될 수 있을까 의심스러웠다. 하지만 곧이어 그의 후보 수락 연설에 열광하는 미국인들을 보면서 나는 좀 더 근본적인 무엇이 거기에 있다는 것을 직감했다.

서부 매사추세츠로 돌아온 후, 절대 다수가 오바마를 지지하는 그곳에서 나는 사라 페일린에 대해 비판적인 사람들을 만나게 되었다. 여자들만 아니라 남자들도 그를 싫어했다. 그들과 이야기를 나누며 나는 두 개의 미국이 있다는 사실을 비로소 알게 되었다. 사라 페일린에게 열광하는 미국과 그를 혐오하는 미국. 문제는 여성 차별도 아니었고 정치적 비전도 아니었다. 그것은 근본적으로 미국인이 느끼는 미국다움이 무엇인가라는 것이었다. 사라 페일린의 등장으로 나는 미국 사회의 이면을 들여다볼 수 있게 되었다.

흔히 미국을 수많은 인종들이 섞여 조화롭게 산다고 해서 '드레싱 볼'이라고 부르지만 미국은 결코 드레싱 볼이 아니다. 미국은 극명하게 구별되는 두 개의 문화를 가지고 있다. 하나는 리버럴하고 국제적으로 개방적이며 공통의 책임을 강조하는 교육을 받은 사람들의 미국이고, 다른 하나는 개인주의적이고 보수적이며 국제적으로 좀 더 고립된 미국을 추구하는 지역적인 미국이다.

하나의 국가라고 하기엔 너무나 많은 복합적인 요소를 가지고 있는 이 나라가 지금까지 유지된다는 사실도 놀랍지만, 여행객이 처음 만나게 되는 부유하고 자유롭고 친절한 나라 미국이 내포하는 이 간격은

조지 워싱턴 대학교에 있는 조지 워싱턴 상

4 스님의 눈으로 본 미국 문화

매우 의미심장했다.

고립주의적이고 개인주의적이며 과거 식민지 시대로부터 서부 개척 시대까지 그들을 이끌었던 자유와 개인주의의 이념에 충실한 나라와, 계속해서 쏟아져 들어오는 이민자들의 나라이자 좀 더 국제적인 지향성을 갖고 있는 동시에 다양성을 존중하는 나라, 이 두 개의 나라가 충돌하고 타협하면서 미국의 장래를 결정짓고 있었다.

2008년 선거의 핵심은 어떻게 페일린이 미국인에게 어필하는가였다. 그가 가진 보통 사람의 이미지가 그에 대한 열광을 이끌어 내었다면, 그의 전문성과 지도자로서의 비전의 결핍은 그에 대한 비판으로 이어졌다. 이 둘 중 무엇을 선택하느냐가 미국의 미래를 결정할 것이고 또한 세계의 미래도 결정할 것이다. 아울러 미국 불교의 미래도.

미국에서 불교가 성황이라고 하지만, 세계가 연기적으로 공생한다는 사실이 너무나 확연한 이 세상에서, 그리고 아직도 철저하게 개인주의를 고집하는 미국에서 불교가 과연 뿌리내릴 수 있을지 의심스러웠다.

월가가 파산하고 파산을 막기 위해 구제 금융을 지원하려고 했을 때, 미국인들은 은행도 개인과 마찬가지로 각자 실수와 각자 투자에 대해 책임을 져야 한다고 주장했다. 너무 온정주의적이어서 책임 회피가 만연한 한국보다 철저하게 각자의 책임을 묻는 미국이 어찌 보면 매우 합리적으로 보인다.

뉴욕 지하철은 더럽고 냉난방이 안 되는 것으로 유명하다. 하루는 지하철로 환승하는데 한국인 이민자를 만났다. 그는 썰렁한 지하철역 계단을 내려가며 나에게 말을 걸었다.

"스님, 지하철역에 난방이 안 돼서 추워요. 한국 같으면 춥다고 정부에 데모하고 야단이 났을 거예요. 미국에서는 그런 일이 없답니다. 각자 자기 몫이니까 추위도 참는 거지요. 그래서 뉴욕 지하철은 백 년이 지나도록 손을 안 보고 있답니다."

그 말을 듣고 나는 한국인과 미국인이 국가에 대해 가지고 있는 관념을 다시 생각하게 되었다. 전통적으로 동아시아에서 국가는 가족의 연장이다. 임금과 스승과 아버지가 하나라는 군사부일체의 관념이 지금도 남아 있어서 국가는 아버지가 가족을 돌보듯이 국민을 돌보아야 한다는 생각이 지배적이다. 전통 사회에서는 국가의 시혜에 대한 감사가 더 강조되었다면 현대 한국 사회에서는 국가가 개인의 삶을 책임져야 한다는 요구가 더 많다.

반면 미국의 국가는 개인들의 총합이다. 미국의 경찰력은 세계 최강이며 여러 가지 법으로 국민들을 꼼짝 못하게 얽어매고 있지만, 실제로 법은 개인의 권리를 보호하기 위한 것이다. 그러므로 미국에서 국가는 개인의 권리와 재산권의 보호를 위한 일종의 경찰이다. 그 대신 개인에게는 법을 지켜야 할 의무와 책임이 부가된다. 개인들 사이에 분쟁이 발생할 때 국가는 철통 같은 경찰력으로 개인의 사생활과 재산을 보호해 준다면 그것으로 충분하다. '시혜를 베푸는 국가'라는 유교적인 개념은 존재하지 않는다. 공화당에서 작은 정부를 강조하는 것도 바로 이 개인주의의 산물이며 신대륙에 처음 이주했던 청교도들의 국가에 대한 생각의 연장이다.

미국은 일종의 고립된 섬인 아메리카 대륙에서 유럽처럼 다른 국가와 국경을 맞대고 대립하거나 협력한 역사가 없다. 그리고 국가로서의 경험도 일천한 까닭에 그 국가적 정체성을 확인할 기회가 없었던 것 같다. 베트남 전쟁도 나라 밖에서 일어난 전쟁이기 때문에 패배의 트라우마가 있기는 하지만 일부 좌파 지식인과 전쟁에 직접 투입된 젊은 이를 제외하면 국가 정체성에 아무 영향을 끼치지 않은 것 같다.

그러므로 위대한 미국을 강조하고 미국제일주의를 내세우고 있지만, 다른 한편에서 보면 국가적 정체성이 이처럼 허약한 나라도 없다. 당장 개인의 권리와 자유만 문제가 될 뿐, 그것이 국가 전체에 어떤 영향을 미칠지, 궁극적으로 나에게 어떤 영향을 미칠지에 대해 관심이 없다. 공동체보다 개인주의가 미국 문화에서 아직도 더 실제적인 힘을 행사하고 있다.

이와 같은 개인주의적 국가에서 공통의 삶을 기반으로 하는 아시아 문화가 끼어들어갈 수 있는지, 또 상호의 삶이 연기적으로 연관되어 있음을 강조하는 불교가 뿌리내릴 수 있을지 의문이다.

그렇지만 미국 사람들처럼 사랑을 강조하는 국민도 없다. 하지만 실제로 미국 사람만큼 외로운 사람도 없다. 가족은 파괴되고 공동체는 사라졌다. 그래서 사랑을 갈구한다.

쉘비는 50년대에 스미스 칼리지를 졸업한 상류층 백인 여성으로 뉴욕 인터내셔널 센터에서 단 한 번 나의 영어작문을 교정해 준 인연으로 만났다. 스미스 칼리지의 인연 때문인지 그는 나에게 무척 잘 대해주었다. 뉴욕에 있는 동안 나는 허드슨 강이 내려다보이는 그의 아파트에 놀러 가기도 하고 때론 하룻밤 머물기도 했다. 쉘비는 나를 위해 메트로폴리탄 박물관도 구경시켜 주고 히말라야 미술관도 데려가 주었다. 그와 함께 성공회 교회도 가 보았고 브로드웨이에서 연극을 보기도 했다. 그의 호의 덕분에 골동품 가게와 재활용품 판매점 등 뉴요커가 아니면 알 수 없는 곳들을 구석구석 가 보았다.

쉘비는 젊은 시절 뉴욕 타임지에 칼럼을 기고한 작가이며 지금도 귀족적인 품위을 유지하고 있는 여성이지만 가족과 떨어져 뉴욕 아파트에서 혼자 생활하고 있었다. 거실에는 자식들과 손자들의 사진이 가득 걸려 있었고 가끔 가족과 연락을 취하기도 했다.

하지만 그는 철저히 혼자였다. 인터내셔널 센터에서 자원봉사도 하고 다른 봉사 기관에도 나가서 시간을 보내지만, 그래도 외로워서 나에게 잘해 주었던 것이다. 그는 내가 어린애 같이 느껴졌는지 헤어질 때마다 택시를 잡아 주고 택시비까지 챙겨 주었다. 그는 나에게 늘 애처로운 마음이 든다고 했지만 나는 그가 애처로웠다. 어쩌면 우리는 약간의 동질감을 가지고 있었는지도 모르겠다.

그를 만나면서 미국 가족제도에 대해 여러 가지 생각을 했다. 미국은 국토가 넓어 사람들이 흩어져 살기 때문에 가족이라도 자주 만날 수 없다. 그래서 그들은 사람을 그리워하고, 만나면 이야기하기를 좋아한다. 그러나 지속적인 인간관계를 바랄 수 없다. 미국인은 친절하고 관대하지만, 다른 한편으로 인간관계가 단절되어 있다. 내가 만난 유럽인들조차 미국인들은 잠깐 즐겁게 잘 지낼 수 있어도 오랜 친구가 되기는 어렵다고 했다.

이 파괴된 인간관계는 초창기 소박했던 미국 사회에 대한 향수를 자극하기 때문에 미국 사회는 한편으로 더욱더 보수적으로 변해 가고 있으며, 다른 한편에서는 공동체적 삶을 회복하려는 노력들이 이루어지고 있다. 비의적인 종교 활동으로 변질되기는 했으나 히피 운동도 그러한 이상적 공동체를 향한 노력의 하나였다.

불교의 연기법과 자비의 가르침은 미국 사람들에게 공동체 구현을 위한 새로운 덕목임에 분명하다. 하지만 불교는 과연 이 과정에서 실제적으로 무슨 일을 할 수 있을까? 어떻게 하면 미국 사람들의 외로움을 근원적으로 해결하고 무의식 속에 조각난 내면의 공허함을 치유할 수 있을까? 나는 이 과정에서 두 개의 미국이 통합되는 가냘픈 희망을 엿보았다.

노샘프턴의 호랑이는 여자인가 남자인가

환영 파티에서 혜민 스님을 만나고 얼마 지나지 않아서 하루는 혜민 스님이 나에게 조심스럽게 이야기를 꺼냈다.

"노샘프턴은 동성애자가 많은 곳이니 혹시 만나도 놀라지 마세요."

그 말을 듣고 나는 웃어 버렸다. 기숙사 옆방에 사는 학생이 동성애자라고 했더니 혜민 스님은 더 이상 말을 잇지 못했다.

노샘프턴은 동성애자, 성전환자의 천국이다. 그 사실을 알고 갔지만 기숙사 바로 옆방 학생도 동성애자인 줄은 잘 몰랐다. 어느 날 그 여학생이 여자 친구와 함께 부엌에 있는 것을 보았는데, 같이 있었던 탄자니아 학생은 그 모습에 질겁하고는 이층으로 올라가 버렸다. 그런데 나를 놀라게 한 것은 학생들이 아니었다.

노샘프턴은 동성애자, 성전환자의 천국이다.
그 사실을 알고 갔지만
기숙사 바로 옆방 학생도 동성애자인 줄은 잘 몰랐다.

'버니의 회고'가 있던 때 나는 마기와 많은 이야기를 나누었다. 어느 날 여성 불교지도자의 이야기를 하면서 최근 그에게 애인이 생겼다고 했다. 그런데 그 여성 지도자의 새 애인 이야기를 하면서 마기는 계속 "She"라는 표현을 썼다. 남자 이름이었기 때문에 계속 "She"라는 표현을 쓰는 것이 귀에 거슬렸다. 그래서 혹시 그 애인이 여자냐고 물어보았다. 마기는 그렇다고 대답했다. 상상을 초월하는 일이었다.

사실 불교지도자가 이성 교제를 하는 것도 나에게는 불편했다. 그래도 문화의 차이라고 이해하고 넘어갔는데, 왜 계속 "She"라고 할까 의아하게 생각했을 뿐 동성연애를 한다고는 상상조차 못했다. 내가 깜짝 놀라자 마기가 겸연쩍게 웃었다. 미국 불자들 중 동성애자가 많다는 사실을 들어서 알고 있었지만, 직접적으로 그런 상황을 만나게 되니 충격적이었다.

그 후 알고 지내던 몇몇 불교지도자들과 불교학자들이 동성연애를 하고 있다는 사실을 알게 되었다. 그들은 친절하고 지적이었지만, 상처도 많았다. 오래된 동성연애 커플일수록 긴 세월 동안 자신의 성정체성을 숨겨야 했기 때문에 지금도 조심스럽고 쉽게 상처를 받았다.

미국의 일부 주에서 동성결혼이 허용된 후, 그들 중 한 커플은 동성결혼이 합법화된 보스턴으로 이주하기로 결심했다. 그 이유는 그레고리 교수로부터 전해 들을 수 있었다. 두 사람은 평생을 함께 지낸 커플이지만 배우자가 사망하면 법률상의 부부가 아니기 때문에 상속의 권리가 전혀 없다고 한다. 때론 중병으로 죽거나 사고가 나더라도 동성인 배우자보다 원 가족들에게 연락을 취하고 재산도 그 가족들에게 상속된다고 했다. 그럴 때 남은 배우자의 상처는 크다고 했다. 그 이야기는 수긍이 갔다.

2009년도 봄 학기를 끝으로 스미스 칼리지 연수를 마쳤다. 원래 학술연구재단에서 한해만 지원하기 때문에 2008년에만 체류하기로 했지만 나는 그레고리 교수에게 부탁해서 한 학기를 더 연장했다. 기숙사 경비까지 지원받았으니 대단한 특혜였다. 5월에 학기가 끝났으나 6월까지 노샘프턴에 머물렀다. 기숙사 규정 때문에 6월 말 기숙사에서 나와 노샘프턴에서의 마지막 주를 그레고리 교수님 집에서 보냈다.

금융 위기 이후 미국인들의 삶은 팍팍해졌다. 앤은 마사지사로 겨우 생계를 유지하고 있었지만 대출금을 갚지 못해 노숙자로 전락할 신세였다. 그의 딱한 사정을 알고 그레고리 교수 부부가 이층 빈방을 내어 주었다. 그렇게 해서 나는 앤과 함께 머물게 되었다.

어느 날 단 둘이 집에 있게 되었다. 차를 마시던 중 앤이 나에게 왜 스미스 칼리지에 왔느냐고 물었다. 그것은 스미스 칼리지에서 가장 많이 들었던 질문이었다. 학부 중심의 리버럴 아트 칼리지에 박사후과정 연수를 하러오는 사람이 거의 없기 때문이다. 그럴 때마다 서울대 교수님이 피터 그레고리 교수를 추천해서 그 말만 믿고 왔다고 대답하면, 사람들은 무척 재미있어 했다.

앤에게도 똑같은 대답을 했다. 그리고 나서 스미스 칼리지가 여학교였기 때문에 은사 스님의 허락을 얻기 좋았다는 이야기를 덧붙였다. 내 말에 그의 호기심이 발동되었는지 이유를 물었다. 은사 스님이 연로하셔서 내가 외국에 나간다고 했을 때 걱정을 많이 하셨으나 스미스 칼리지가 여대라는 사실을 알고 걱정을 덜 하게 되었다는 이야기를 했다. 덧붙여 미국으로 떠나기 전 은사 스님께서 내게 특별히 당부하셨던 말씀을 앤에게 들려 주었다.

"은사 스님이 남자는 호랑이니까 어딜 가더라도 조심하라고 하셨지요."

앤은 이해할 수 있다는 표정을 지었다.

"그런데 노샘프턴에 와보니 남자만 호랑이가 아니더군요. 여자도 호랑이더군요. 은사 스님이 몰랐기에 망정이지 여자도 호랑이인 줄 알았으면 저는 미국에 오지 못했을 거예요."

앤은 배를 잡고 웃기 시작했다. 한국을 떠나기 전 나는 노샘프턴의 자유분방한 분위기를 알고 있었지만 은사 스님이 도저히 이해하시지 못할 것 같아 말씀드리지 않았었다.

저녁 식사 시간에 앤은 그 이야기를 피터에게 했고, 피터는 마기에게 이야기를 전했다. 듣는 사람마다 배를 잡고 웃었다. 노샘프턴에서는 여자도 호랑이라는 사실을 모르고 남자만 조심하면 되는 줄 아셨던 은사 스님의 순진한 생각은 현재와 과거, 미국과 해인사라는 시간적·공간적 간격을 극명하게 보여 주지만, 나는 그들이 은사 스님의 순진함을 비웃었다고 생각하지 않는다. 나는 그 일화를 통해 아시아에서 수행의 의미가 무엇인지 그들에게 조금은 전해졌으리라고 믿는다.

미국에서 불교에 친화적인 사람들 중에 동성애자가 많다. 미국의 주류 종교인 기독교가 동성연애를 사악한 일로 규정하기 때문에 종교적으로 오갈 데 없는 동성애자나 성전환자들이 불교에 많은 기대를 걸고 있다. 달라이라마는 동성애를 계율에서 금하고 있다는 사실을 천명하면서도 동성애 문제에 대해 모호한 태도를 취했다고 한다.

동서양에서 수행에 대한 관념은 '노샘프턴의 호랑이가 남자인가 여자인가' 만큼이나 다르다. 이러한 간극을 극복하고 불교적인 삶이 서양에 뿌리내리기 위해 필요한 일은 무엇일까?

동성연애의 문제는 단적인 한 예에 불과하다. 미국에서 불교는 좀 더 세속적 환경에 맞추어 변화하고 있다. 불교가 서양의 새로운 상황에 적응해야 한다는 점은 분명하다. 그러나 현재 사람들의 호응을 얻는다고 해서 그들의 변용을 반갑게 받아들여야 하는지, 아니면 아시아에서 보존되어 왔던 낡은 불교 속에 확장해야 할 가치가 있는 것인지 성급한 판단보다 치열한 사유와 성찰이 필요하다.

  나아가 불교가 서양의 기성종교가 채워주지 못하는 부분을 보충하는 대안적인 종교가 되어야 하는지, 아니면 보편적인 가치를 제시해야 하는지, 그럴 경우 그 보편성은 무엇인지에 대해 차근차근 짚어보아야 할 것이다.

미국은 불교의 나라가 될 수 있을까?

스미스 칼리지에서 인도·티베트 철학을 강의하는 가필드 교수는 매년 인도를 방문한다. 특히 겨울에는 스미스 칼리지와 주변 대학의 학생들을 위해 1개월 과정의 티베트불교 강좌를 사르나트에서 열기 때문에 일 년에 한두 번은 꼭 방문한다.

봄 학기가 시작되고 5칼리지 불교학자들의 세미나가 다시 열렸다. 세미나 후에 늘 하던 것처럼 우리가 좋아하는 인도 레스토랑에서 저녁 식사를 함께 했다. 가필드 교수가 인도에서 돌아온 뒤 첫 번째 모임이었기 때문에 인도 여행 이야기가 화제가 되었다. 그는 이번 여행에서 생긴 일이라며 재미난 이야기를 들려주었다.

인도 델리 공항에 내린 가필드 교수는 호텔에 가기 위해 택시를 탔다.

"어디로 가십니까?"

"○○호텔요."

"어느 나라에서 오셨습니까?"

"미국에서 왔습니다."

"그럼, 당신은 불교 신자이겠군요."

"아니, 어떻게 아셨습니까?"

"그거야 쉽죠. 미국이 불교 나라이니까요."

가필드 교수가 화들짝 놀라며 급히 말했다.

"아, 아닙니다. 미국은 기독교 나라입니다."

"아니에요. 미국은 불교 나라예요."

"아닙니다. 미국은 불교 나라가 아닙니다. 제가 미국 사람인데, 미국은 불교 나라가 아니랍니다."

그러자 그 기사는 화를 내며,

"아니에요. 미국은 불교 나라가 맞아요. 여기 오는 미국 사람들이 모두 다 불교 신자였어요. 그러니까 미국은 불교 나라가 맞아요."

가필드 교수는 더 이상 할 말이 없었다.

"그렇군요. 당신의 말을 듣고 보니 미국이 불교 나라인 게 분명하군요."

우리는 박장대소를 했다. 서울에 가 보지 않은 사람이 서울에 가 본 사람을 이기듯이 미국이 불교 나라냐 아니냐를 두고 미국인인 가필드 교수가 인도 택시 기사에게 지고 말았던 것이다. 이런 경우를 한자성어로 관중규표(管中窺豹)라고 한다. 대롱으로 표범을 보면서 어떤 사람은 표범의 색이 검은색이라고 하고 어떤 사람은 누런색이라고 우긴다. 인도의 택시 기사가 만난 미국 사람이 모두 불교인이었으니 미국이 불교 나라라고 우기는 것도 무리가 아니다.

인도 택시 기사가 순진하게 믿었듯이 미국이 불교의 나라라면 얼마나 좋을까? 2008년 시행한 조사에 따르면, 미국의 종교 인구는 개신교도가 51%, 가톨릭이 25%이며 최근 교세를 확장하고 있는 이슬람이나 불교와 같은 기독교 이외의 종교를 믿는 사람은 성인 인구의 약 3.9~5.5%에 불과하다. 불교를 믿는 사람은 조사에 따라 0.5%에서 0.9%에 이르는데, 아시아에서 이민 온 불자가 개종한 불자보다 9배 정도 많다.

미국이 불교의 나라가 되려면 아직 가야할 길이 멀다. 나는 미국인 불교학자들에게 언제쯤이면 미국적인 불교가 탄생할 수 있을지에 대해 여러 차례 물어보았다. 그들은 중국에서 불교가 뿌리내리는 데 수 세기가 걸린 사실을 상기시키며 그만큼 많은 시간이 필요하다고 답했다. 교통과 통신이 발달하고 인적 교류가 잦아졌기 때문에 중국의 경우와 다르지 않을까 기대했지만 그들은 느긋하기만 했다.

그런데 불교의 미국화를 장애하는 요인은 무엇보다 미국 문화의 세속적인 성격이다. 오늘날 미국 젊은이들에게서 60년대 베이비부머들이 가졌던 물질문화에 대한 비판 의식이나 종교적인 열정을 찾아보기가 쉽지 않다. 심지어 미국에 있는 캄보디아 공동체나 티베트 공동체에서도 출가하는 청년을 찾아보기 어렵다. 미국인들, 특히 젊은 세대가 불교에서 원하는 것은 스트레스 감소와 마음의 안정, 정서적인 조화, 동료들과의 연대 등 일상생활의 행복이다. 이러한 요구에 맞추어 젊은 불교지도자들은 불교를 접근하기 쉬운 것으로 만들기 위해 노력하고 있다. 이 변화가 과연 불교의 미국화인지 불교의 세속화인지 누가 판단할 수 있을까?

그레고리 교수의 유마경 강의를 청강하던 한 백인 여성이 강의 중반에 인도 여행을 가게 되었다. 그 여행은 특별한 목적을 가지고 있었는데, 다름 아니라 인도에 있는 어린 티베트 린포체를 미국으로 데리고 오기 위한 여행이었다. 여행을 앞두고 그는 여러 생을 수행한 고승인 린포체를 미국의 좋은 교육 환경 아래에서 현대적인 교육을 받게 한다면 불교 수행과 현대 교육의 장점을 골고루 갖춘 탁월한 인재를 얻을 수 있을 것이라는 기대에 들떠 있었다.

그러나 그의 이야기를 들은 사람들은 그의 의견에 찬성하기보다 우려를 표했다. 그레고리 교수는 미국 아이들에게도 위험한 미국 학교에서 티베트 출신의 순진한 린포체가 훌륭하게 성장하기보다 세속적인 유혹에 노출되어 오히려 망치기 쉽다고 걱정했다. 다른 사람들도 걱정을 함께 했다. 나는 달라이라마가 전생의 스승인 링 린포체에게 한국 이외의 다른 지역을 방문하지 못하게 하고 그마저도 점차 차단시키고 수행에 전념하도록 했다는 이야기를 전했다.

미국 교육 시설과 시스템이 아무리 훌륭해도 미국 문화의 세속적인 분위기는 수행자에게 적합한 환경이 아니다. 그때문에 한국에서 오랫동안 수행한 스님들조차 미국에서 정체성의 혼란을 겪곤 한다. 이는 단지 불교를 믿는 인구가 많아진다고 해결될 문제가 아닌 것 같다. 불교의 나라가 아니어도 미국 문화가 불교적인 문화로 전환될 가능성은 없을까? 그러기 위해 어떤 노력이 필요할까? 미국에서 지내는 동안 내 머릿속에서 떠나지 않았던 질문들이다.

일 년 반이라는 시간은 이 질문들에 대한 해답을 찾기에 턱없이 부족한 시간이었지만 어렴풋이 불교윤리의 필요성에 대해 생각해 보았다. 후기 산업사회에서 정말 필요한 것은 개인의 행복에 집중하는 명상보다 연기와 공생을 실천하는 불교윤리가 아닐까? 그러나 그것은 당장 눈에 보이지 않는 인과에 대한 확신과 자기 변화를 위해 고통을 감내하는 긴 시간의 수행이 필요하기 때문에 쉽고 즉각적인 효과를 원하는 현대인에게 얼마나 호소력이 있을지 알 수 없다.

나는 2009년 여름 미국에서의 마지막 안거에 참여했다. 뉴욕주에 위치한 블루클립 사원에서 열린 안거였다. 틱낫한 스님이 지도하는 이 사원에는 베트남에서 망명 온 비구, 비구니 스님뿐 아니라 미국인 스님들과 재가자 등 사부대중이 함께 수행하고 있었다. 거기에서 나는 망명 2세의 베트남 비구, 비구니 스님들을 만났다. 그중 아주 어려 보이는 한 비구니 스님이 자신의 출가 동기를 이야기해 주었다. 미국에서 태어나고 자란 그 스님은 할머니의 죽음을 경험하면서 무상을 절감해 출가를 결심했다고 했다. 그 배경에는 베트남 문화의 영향이 있겠지만 세속적인 쾌락이 넘치는 미국에서도 무상을 느끼는 젊은이가 있었다.

스미스 칼리지에서 지내는 동안 가장 아쉬웠던 것은 메인스트리트 선 센터에 자주 가서 수행하지 못한 것이었다. 그래서 나는 노샘프턴

나는 2009년 여름 미국에서의 마지막 안거에 참여했다.
뉴욕주에 위치한 블루클립 사원에서 열린 안거였다.

을 떠나기 전, 시간을 내어 그곳을 방문했다. 그날도 그들은 늘 그랬던 것처럼 그 멤버 그대로 수행하고 있었다. 특별히 회원을 늘리겠다는 생각 없이 사람이 오면 오는 대로 가면 가는대로 상관하지 않고 수행을 계속하고 있었다. 그들의 모습에 나는 왠지 모를 감동과 희망을 느꼈다.

파라다이스 연못에 부는 바람

한여름 밤, 파라다이스 연못의 보트하우스에는 재즈 선율이 흐른다.
"Contemplative Wind of Jazz"

    이 작은 음악회는 2008년 8월 스미스 칼리지에서 열린 명상과 교육에 관한 대학교수들의 여름 세션 중 한 프로그램이었다. 가장 미국적인 음악인 재즈와 동양의 명상, 참 기묘한 결합이었다.
    우리는 주섬주섬 두툼한 일본식 명상용 쿠션을 들고 연주자 주위에 자리를 잡고 앉았다. 두 사람의 연주자는 아무리 복 받은 미국이라도 시골 한 구석에서 듣기 아까울 정도로 최고의 실력을 갖춘 연주자들이었고 그들의 음악은 무척 정제되어 있었다.
    하지만 나는 그들의 연주에 좀처럼 집중할 수 없었다. 아도르노가

한여름 밤, 파라다이스 연못의 보트하우스에는
재즈 선율이 흐른다.

혹평한 것처럼 딜레탕트적인 감성과 변태성욕적인 굴종까지는 아니지만, 재즈의 흐느적거리는 선율과 색소폰의 육감적인 음색은 명상과 연결시키기엔 무리였다. 몰아치는 드럼 연주조차 내면의 울림으로 전해지지 못한 채 귓가에 잠깐 맴돌다가 사라져 버렸다. 연주자의 열정과 기교에 박수를 보내 주었지만 그들의 재즈에는 쉽게 동화될 수 없었다.

이렇게 겉돌던 나는, '마지막으로 참가자 모두 일어나 음악에 맞추어 몸이 원하는 대로 움직이라'는 연주자의 말이 떨어지자 아예 바닥에 드러눕고 말았다. 그때 내 몸이 원한 것은 휴식이었으니 말이다.

그들은 음악에 맞추어 천천히 몸을 움직였다. 갑자기 창밖에서 빗소리가 들렸다. 초저녁부터 내리기 시작한 소나기가 잦아드는 듯하더니 다시 굵어지기 시작한 모양이다. 일어나 창가로 갔다.

짙은 코발트 빛 어둠 속에서 어디가 하늘이고 어디가 물인지 짐작할 수 없었다.

혼동과 카오스, 접근할 수 없는 심연.

빗소리 사이로 재즈의 선율이 또렷하게 들렸다. 무엇이 음악이고 무엇이 소음인가?

김민기의 노래 '친구'가 생각났다.

"무엇이 산 것이고 무엇이 죽었나."

그의 절망은 젊은 날의 나에게 가슴 먹먹한 아픔이었지만, 가부좌를 틀고 앉은 지금, 그 절망도, 색소폰의 센티멘털함도, 빗소리의 처연함마저도 저 침묵하는 호수 위에서 담담하고 선명하게 관조되고 있을 뿐이었다.

'동양과 서양', '불교와 서양 현대미술'이라는 과제는 시대의 문제를 조감하는 데 그치지 않는다. 그것은 나 자신의 해묵은 숙제이기도 하다. 근대화가 곧 서구화를 의미했던 한국 사회에서 자란 나에게 서양은 동양보다 익숙했다. 오리엔탈리즘의 왜곡된 재현보다 더 위험하다고 사이드가 경고했던 것처럼, 우리는 서양이 만든 우리 자신에 대한 왜곡된 시선을 오래 전부터 내재화하고 있었으니까 말이다. 내가 낯선 동양을 만난 것은 절집에 들어온 후였다. 과연 나는 누구인가? 한국인으로서, 불교인으로서 나의 정체성은 무엇인가?

나에게 동양과 서양은 내 정체성의 분열된 양극이다. 이런 까닭에 나를 찾아 나선 구도의 여행이 다시 타자를 향하는 것은 너무나 당연한 일이다. 프랑스 여성작가 루이즈 부르조아Louise Bourgeos가 자신의 설치물에 '타자는 지옥이다'라는 사르트르의 말을 인용하며 '타자의 부재는 지옥이다'라고 일갈했던 것처럼, 타자의 존재가 곧 내 존재의 기반이니까.

처음 밟아 보는 미국 땅에서, 나는 믿기지 않을 만큼 행운을 누렸다. 마치 그동안 고생했다고 부처님께서 특별 휴가를 마련해 주신 것처럼. 나는 스스로 'a nun of curiosity'라고 말할 정도로 열심히 보고 듣고 배우고 경험했다. 대학에서, 선 센터에서, 미술관에서, 길거리에서 나는 현대적인 삶과 불교가 만나는 역동적인 현장을 목격하며 시대의 징후를 읽고 미래를 위한 불교적 비전을 찾기 위해 노력했다.

미국 연수를 통해 나의 시선은 고즈넉한 산사에서 삶의 현장인 저 자거리로 돌아왔으며, 그들에게 뭔가 전해 주어야 한다는 우월감은 그들에게 배워야 한다는 자각으로 바뀌었다. 그들의 새로운 시도는 타성에 젖은 우리들에게 도리어 죽비가 될 것이다. 또한 미국불교의 시선으로 한국불교를 다시 바라보면서 미처 몰랐던 보석 같은 가치들을 발견했으며 동시에 은폐되었던 문제들을 알게 되었다. 가장 큰 변화라면, 동양과 서양을 과거와 현재, 자아와 타자가 아니라 동시대적 지평을 공유하는 '우리'로 바라보게 된 것이다.

작별 파티에서 나는 『논어』의 학이學而장을 인용해 내 마음을 표현했다.

"배우고 때로 익히니 즐겁지 아니한가, 벗이 먼 곳에서 찾아오니 기쁘지 아니한가, 다른 사람이 알아주지 않아도 성내지 않으니 군자가 아닌가."

스미스 칼리지에 있는 동안 아무 근심 걱정 없이 공부할 수 있어서 행복했다. 불교를 공부하고 수행하는 뜻 맞는 벗을 만나서 또한 즐거웠다.

나에게 안심입명은 요원하기만 하다. 그러나 역사의 저 너머, 세상 저 끝에 뜻을 같이하는 벗이 있다면 그것만으로도 행복하지 않을까? 그러니 남이 알아주지 않아도 외롭지 않을 것이다. 다시 동방의 땅, 적막 속으로 돌아갈지라도 말이다.

파라다이스 연못에 바람이 불면 백조는 서쪽으로 돌아갈까? 동양에서 서양으로, 전통에서 현대로, 자아에서 타자로 향했던 나의 여행은 다시 근원으로 거슬러 올라가는 먼 여정이 될 것이다. 나를 찾아가는 여행, 그러나 그 여행은 자아로의 침잠이 아니라 내 존재의 기반인 타자와 연결되고 그들과 공존하는 삶의 길이 될 것이다.

바람은 불고 물결은 고요하다. 지도의 지표는 시간분기선을 지난다.

파라다이스 연못에 바람이 불면
백조는 서쪽으로 돌아갈까? 동양에서 서양으로,
전통에서 현대로, 자아에서 타자로 향했던
나의 여행은 다시 근원으로 거슬러 올라가는
먼 여정이 될 것이다.

명법 스님이 미국 유학 생활에서 발견한 미국불교 이야기
미국 부처님은 몇 살입니까?

초판 1쇄 펴냄 2013년 6월 1일

저　　자 | 명법 스님
발 행 인 | 이자승
편 집 인 | 김용환
펴 낸 곳 | 아름다운인연

책임편집 | 고주리
디 자 인 | 김유선
제　　작 | 윤찬목
마 케 팅 | 김영관

출판등록 | 제2003-120호(2003.7.3.)
주　　소 | 서울 종로구 견지동 13번지 대한불교조계종 전법회관 7층
전　　화 | 02-720-6107 팩스 | 02-733-6708
도서보급 | 서적총판사업팀 02-998-5847
구입문의 | 불교전문서점 02-2031-2070~3 / www.jbbook.co.kr

ⓒ명법, 2013
ISBN 978-89-93629-97-2 03220

* 책값은 뒤표지에 있습니다.
* 저작권법에 의하여 보호를 받는 저작물이므로 무단으로 복사, 전재하거나 변형하여 사용할 수 없습니다.
* 도서출판 아름다운인연은 (주)조계종출판사의 출판브랜드입니다.